46.-
direkt
11.10.96

ARBEITEN AUS DEM IURISTISCHEN SEMINAR
DER UNIVERSITÄT FREIBURG SCHWEIZ

Begründet von Max Gutzwiller – Fortgesetzt von Felix Wubbe
Herausgegeben von Peter Gauch

126

ARBEITEN AUS DEM IURISTISCHEN SEMINAR
DER UNIVERSITÄT FREIBURG SCHWEIZ

Herausgegeben von Peter Gauch

126

HANNES ZEHNDER

Rechtsanwalt, Pfäffikon/SZ

Die Haftung des Architekten für die Überschreitung seines Kostenvoranschlages

2. Auflage
(unveränderter Nachdruck mit Anhang)

UNIVERSITÄTSVERLAG FREIBURG SCHWEIZ
1994

Die Deutsche Bibliothek – CIP-Einheitsaufnahme

Zehnder, Hannes:

Die Haftung des Architekten für die Überschreitung seines Kostenvoranschlages / von Hannes Zehnder. – 2. Aufl., (unveränderter Nachdruck mit Anhang) – Freiburg, Schweiz: Univ.-Verl., 1994
  (Arbeiten aus dem Iuristischen Seminar der Universität Freiburg Schweiz; 126)
  Zugl.: Fribourg (Schweiz), Univ., Diss., 1993
  ISBN 3-7278-0939-6
  NE: Universität ‹Fribourg› / Iuristisches Seminar: Arbeiten aus dem...

Die vorliegende Ausgabe ist ein unveränderter Nachdruck der Disseration, die am 22. Februar 1993 von der Rechtswissenschaftlichen Fakultät der Universität Freiburg angenommen wurde.
Sie enthält jedoch im Anhang (S. 153 ff.) eine Erörterung des BGE 119 II 249 ff.

2. Auflage (unveränderter Nachdruck mit Anhang) 1994

Die Druckvorlagen der Textseiten
wurden vom Autor ab Datenträger
als reprofertige Vorlagen zur Verfügung gestellt

© 1993 by Universitätsverlag Freiburg Schweiz
Paulusdruckerei Freiburg Schweiz

ISBN 3-7278-0939-6

Meiner lieben Marianne

DANK

Die vorliegende Arbeit wurde am 22. Febr. 1993 von der Rechtswissenschaftlichen Fakultät der Universität Freiburg als Dissertation angenommen.

Zum Gelingen dieser Arbeit haben viele beigetragen. Mein herzlicher Dank gilt namentlich Herrn Professor Dr. Peter Gauch (erster Refererent) für seine Unterstützung und fachkundige Betreuung sowie Herrn Prof. Dr. Pierre Tercier für die bereitwillige Übernahme des zweiten Referates.

INHALTSÜBERSICHT

	Seite
Inhaltsverzeichnis	XI
Literaturverzeichnis	XVII
Abkürzungsverzeichnis	XXV
Einleitung	XXIX

1. Kapitel:	**GRUNDLAGEN**	1
2. Kapitel:	**DIE VERTRAGSPFLICHTEN DES ARCHITEKTEN IM ZUSAMMENHANG MIT DEM KOSTENVORANSCHLAG UND DEREN VERLETZUNG**	41
3. Kapitel:	**KOSTENÜBERSCHREITUNG UND SCHADENERSATZHAFTUNG DES ARCHITEKTEN**	57
4. Kapitel:	**DIE HAFTUNG DES ARCHITEKTEN AUF VERGÜTUNGSREDUKTION**	141
Anhang:	DAS URTEIL DES BUNDESGERICHTS VOM 22. JULI 1993 I.S. D. C. T.	153

INHALTSVERZEICHNIS

Seite

Literaturverzeichnis XVII

Abkürzungsverzeichnis XXV

Randnummer

1. KAPITEL
GRUNDLAGEN

§ 1. Vom Architekturvertrag im allgemeinen (Übersicht) 1

I. *Vertragsparteien und Vertragsgegenstand* 1

II. *Abgrenzung der Architektenleistungen zu den Leistungen anderer Baubeteiligter* 8
   1. Zu den Leistungen der Spezialisten 8
   2. Zu den Arbeiten der Bauunternehmer 11

III. *Rechtsnatur* 12
   1. Rechtsnatur des Planungsvertrages 13
   2. Rechtsnatur des Bauleitungsvertrages 16
   3. Rechtsnatur des Gesamtvertrages 17

IV. *Zur Geltung der SIA-Ordnung 102* 20

§ 2. **Der Kostenvoranschlag des Architekten im besonderen**	25
I. *Begriff und Merkmale*	25
1. Begriff	25
2. Merkmale	29
A. Prognose über die voraussichtlichen Baukosten	29
a) Rechtsnatur, Wesen und Adressat der Prognose	29
b) Die erfassten und zu erfassenden Kosten	35
B. Detaillierte Kalkulation als Grundlage	42
a) Rechtsnatur der Arbeitsleistung "Kalkulation"	42
b) Das vom Architekten anzuwendende Kalkulationsverfahren	47
II. *Abgrenzungen*	51
1. Zu anderen Kostenprognosen des Architekten	51
A. Zu den Kostenschätzungen	51
B. Zu den Kostenprognosen aufgrund der Elementmethode	54
C. Zur "Gesamtkostenübersicht" gemäss Art. 4.3.3 der SIA-Ordnung 102	59
D. Zur "blossen Honorarschätzung"	61
2. Zu den Kostenangaben anderer Baufachleute	64
A. Zum "ungefähren Ansatz" (Art. 375 OR) des Bauunternehmers	64
B. Zum Kostenvoranschlag des Bauingenieurs	67
C. Zu den Kostenvoranschlägen der Spezialisten	68
3. Zur Kostenlimite	69
4. Zur Bausummengarantie	79

2. KAPITEL
DIE VERTRAGSPFLICHTEN DES ARCHITEKTEN IM ZUSAMMENHANG MIT DEM KOSTENVORANSCHLAG UND DEREN VERLETZUNG

§ 3.	**Die Pflichten des Architekten**	88
I.	*Die Erstellungs- und Ablieferungspflicht*	88
	1. Der Rechtsgrund	88
	2. Die Erstellungspflicht	91
	A. Der Schuldinhalt: Arbeitsleistung und -erfolg	91
	B. Die Pflicht zur persönlichen Erstellung	94
	C. Die Pflicht zur weisungsgemässen Erstellung	97
	D. Die Pflicht zur fachmännischen Erstellung	101
	3. Die Ablieferungspflicht	104
	A. Im allgemeinen	104
	B. Die Pflicht zur rechtzeitigen Ablieferung im besonderen	109
II.	*Die Prüfungspflichten*	111
III.	*Die Informations- und Beratungspflichten*	114
IV.	*Weitere Pflichten während der Bauausführung*	120
§ 4.	**Erscheinungsformen der Vertragsverletzung**	121
I.	*Nachträgliche Leistungsunmöglichkeit*	121
II.	*Schuldnerverzug*	125
III.	*Schlechterfüllung*	127

3. KAPITEL
KOSTENÜBERSCHREITUNG UND SCHADENERSATZHAFTUNG DES ARCHITEKTEN

§ 5.	Die Kostenüberschreitung und ihre möglichen Ursachen - Übersicht	129
§ 6.	Die Grundlagen der Schadenersatzhaftung	135
I.	*Im allgemeinen*	135
II.	*Zur Anspruchskonkurrenz im besonderen*	140
§ 7.	Die Schadenersatzhaftung für vertragswidrig verursachte Zusatzkosten	149
I.	*Verursachung unnötiger (zusätzlicher) Baukosten*	150
	1. Vertragsverletzung und Verschulden	150
	2. Schaden	159
II.	*Kostenteuernde Projektabweichungen des Architekten*	165
	1. Die Vertragsverletzung	165
	2. Der zu ersetzende Schaden	169
	3. Die Vollmacht des Architekten zur Anordnung kostenteuernder Projektabweichungen	174
§ 8.	Die Schadenersatzhaftung für den (zu) ungenauen Kostenvoranschlag	180
I.	*Vom (zu) ungenauen Voranschlag im allgemeinen*	180
II.	*Von der Toleranzgrenze*	189
	1. Vom Anwendungsbereich	189
	2. Von der Festlegung der Toleranzgrenze bei fehlender Parteivereinbarung	194
	3. Von der vertraglich bestimmten Toleranzgrenze	200
	A. Im allgemeinen	200

	B. Die "Toleranzregel" von Art. 4.2.5 der SIA-Ordnung 102	203
	a) Allgemeines	203
	b) Die "Beträge für Unvorhergesehenes" im besonderen	213
III.	*Der zu ersetzende Schaden*	226
	1. Grundsatz: Ersatz des Vertrauensschadens	226
	2. Die Bestimmung des zu ersetzenden Schadens	235
	A. Im Grundfall	235
	B. In anderen Fällen	255
IV.	*Zur Höhe der Schadenersatzpflicht*	266
V.	*Zur Beweislast*	272
	1. Für die Vertragsverletzung	272
	2. Für den Schaden und den Kausalzusammenhang	274

§ 9. Die Schadenersatzhaftung für vernachlässigte Kostenkontrolle und -information — 279

I.	*Im allgemeinen*	279
II.	*Für unterlassene Aufklärung bei kostenteuernden Änderungs- und Sonderwünschen des Bauherrn*	286

§ 10. Einzelfragen — 296

I.	*Die Haftung für die Unterschreitung des Voranschlages*	296
II.	*Die Haftung mehrerer Planer*	299
III.	*Die Haftung für Substituten und Hilfspersonen*	305
IV.	*Die Prüfungs- und Rügeobliegenheiten des Bauherrn*	314
V.	*Die Verjährung der Haftungsansprüche*	322
VI.	*Die Wirksamkeit von Haftungsbeschränkungsklauseln*	327
	1. Im allgemeinen	327
	2. Zur Bestimmung von Art. 1.6 der SIA-Ordnung 102 im besonderen	332

4. KAPITEL
DIE HAFTUNG DES ARCHITEKTEN AUF VERGÜTUNGSREDUKTION

§ 11.	**Von der Bemessung der Vergütung im allgemeinen**	346
I.	*Die vereinbarte Vergütung*	346
II.	*Die Bemessung der Vergütung bei fehlender Parteivereinbarung*	353
III.	*Unnötiger Aufwand des Architekten*	356
§ 12.	**Die Vergütung des Architekten bei fehlerhafter Erfüllung**	357
I.	*Vom Verhältnis der Ansprüche des Bauherrn auf Schadenersatz und Vergütungsreduktion*	357
II.	*Vom Umfang der Vergütungsreduktion*	363
III.	*Gemäss der SIA-Ordnung 102*	368

ANHANG:
DAS URTEIL DES BUNDESGERICHTS VOM 22. JULI 1993 I.S. D. C. T.

I.	*Der Fall*	373
II.	*Der Entscheid*	376
	1. Zur anwendbaren Haftungsnorm	376
	2. Zur Bestimmung des Schadens	378

LITERATURVERZEICHNIS

Die hier aufgeführten Werke werden grundsätzlich mit dem Namen des Autors (und allenfalls mit einem kennzeichnenden Stichwort) zitiert. Weitere Literaturangaben finden sich in den Anmerkungen.

Abravanel Philippe, La qualification du contrat d'architecte, in: Gauch/Tercier (Hrsg.), Das Architektenrecht, Freiburg 1986, S. 35 ff. (zit. Abravanel, Qualification)

Abravanel Philippe, Les devoirs généraux de l'architecte, in: Gauch/Tercier (Hrsg.), Das Architektenrecht, Freiburg 1986, S. 91 ff. (zit. Abravanel, Devoirs)

Becker Hermann, Berner Kommentar zum schweizerischen Privatrecht, Bd. VI, Obligationenrecht, 1. Abt., Allgemeine Bestimmungen, Bern 1941 (Kommentar zu Art. 1 - 183 OR); 2. Abt., Die einzelnen Vertragsverhältnisse, Bern 1934 (Kommentar zu Art. 184 - 551 OR)

Bindhardt Walter/Jagenburg Walter, Die Haftung des Architekten, 8. Aufl., Düsseldorf 1981

Böggering Peter, Rechtsfragen des Baucontrolling, in: BauR 1983, S. 402 ff.

Bollag Georges, Die kontraktliche Haftung des Architekten, Diss. Basel 1932

Brandenberger Jürg/Ruosch Ernst, Projektmanagement im Bauwesen, 2. Aufl., Dietikon 1985

Brehm Roland, Berner Kommentar zum schweizerischen Privatrecht, Bd. VI, Obligationenrecht, 1. Abt., 3. Teilbd., 1. Unterteilbd., Die Entstehung durch unerlaubte Handlungen, erschienen in vier Lieferungen, Bern 1986-1990 (Kommentar zu Art. 41 - 61 OR)

Brunner Hans Ulrich, Die Anwendung deliktsrechtlicher Regeln auf die Vertragshaftung, Diss. Freiburg 1991

Bucher Eugen, Schweizerisches Obligationenrecht, Allgemeiner Teil, 2. Aufl., Zürich 1988

Cerutti Romeo, Der Untervertrag, Diss. Freiburg 1990

Cottier Jean-Marie, L'architecte et l'ingenieur - Quelques problèmes delicats de responsabilité, in: Tagungsunterlage 5 zur französischsprachigen Baurechtstagung 1981

CRB (Hrsg.), Kostenplanung - mit Baukostenanalyse und Baukostendaten, Zürich 1985

Derendinger Peter, Die Nicht- und die nichtrichtige Erfüllung des einfachen Auftrages, 2. Aufl., Diss. Freiburg 1990

Deschenaux Henri/Tercier Pierre, La responsabilité civile, 2. Aufl., Bern 1982

Egli Anton, Das Architektenhonorar, in: Gauch/Tercier (Hrsg.), Das Architektenrecht, Freiburg 1986, S. 247 ff.

Engel Pierre, Contrats de droit suisse, Bern 1992 (zit. Contrats)

Fellmann Walter, Berner Kommentar zum schweizerischen Privatrecht, Bd. VI, Obligationenrecht, 2. Abt., 4. Teilbd., Der einfache Auftrag, Bern 1992 (Kommentar zu Art. 394 - 406 OR)

Gauch Peter, Der vernünftige Mensch - Ein Bild aus dem Obligationenrecht, in: Das Menschenbild im Recht, Festgabe der rechtswissenschaftlichen Fakultät zur Hunderjahrfeier der Universität Freiburg, Freiburg 1990 (zit. Gauch, Menschenbild)

Gauch Peter, Der Werkvertrag, 3. Aufl., Zürich 1985 (zit. Gauch, Werkvertrag)

Gauch Peter, Die Bauleitung - Ihr Verhältnis zum Bauherrn und Unternehmer, in: Tagungsunterlagen zur Baurechtstagung 1985, Band 1, S. 1 ff. (zit. Gauch, Bauleitung)

Gauch Peter, Überschreitung des Kostenvoranschlages - Notizen zur Vertragshaftung des Architekten (oder Ingenieurs), in: BR 1989, S. 79 ff. (zit. Gauch, Überschreitung)

Gauch Peter, Vom Architekturvertrag, seiner Qualifikation und der SIA-Ordnung 102, in: Gauch/Tercier (Hrsg.), Das Architektenrecht, Freiburg 1986, S. 1 ff. (zit. Gauch, Architekturvertrag)

Gauch Peter/Schluep Walter, Schweizerisches Obligationenrecht, Allgemeiner Teil, 5. Aufl., Zürich 1991

Gauch Peter/Sweet Justin, Deliktshaftung für reinen Vermögensschaden, in: Festschrift für Max Keller, Zürich 1989, S. 117 ff.

Gautschi Georg, Berner Kommentar zum schweizerischen Privatrecht, Bd. VI, Obligationenrecht, 2. Abt., 3. Teilbd., Der Werkvertrag, Bern 1967 (Kommentar zu Art. 363 - 379 OR)

Gautschi Georg, Berner Kommentar zum schweizerischen Privatrecht, Bd. VI, Obligationenrecht, 2. Abt., 4. Teilbd., Der einfache Auftrag, Bern 1971 (Kommentar zu Art. 394 - 406 OR)

Giger Hans, Berner Kommentar zum schweizerischen Privatrecht, Bd. VI, Obligationenrecht, 2. Abt., 1. Teilbd., Kauf und Tausch - Die Schenkung, 1. Abschnitt, Allgemeine Bestimmungen - Der Fahrniskauf, Bern 1980 (Kommentar zu Art. 184 - 215 OR)

Guhl Theo/Bearbeiter, Das Schweizerische Obligationenrecht, 8. Aufl., aufgrund der Ausgabe von Hans Merz und Max Kummer bearbeitet von Alfred Koller und Jean Nicolas Druey, Zürich 1991

Hess Urs, Der Architekten- und Ingenieurvertrag, Kommentar zu den rechtlichen Bestimmungen der Ordnungen 102, 103 und 108 für Leistungen und Honorare der Architekten und Ingenieure, Dietikon 1986

Hofstetter Josef, Der Auftrag und die Geschäftsführung ohne Auftrag, in: SPR VII/2, Basel und Stuttgart 1979, S. 1 ff.

Honsell Heinrich, Schweizerisches Obligationenrecht, Besonderer Teil, 2. Aufl., Bern 1992

Honsell Heinrich/Vogt Nedim Peter/Wiegand Wolfgang, Kommentar zum schweizerischen Privatrecht, Obligationenrecht I, Art. 1 - 529 OR, Basel und Frankfurt am Main 1992 (zit. OR-Verfasser)

Jäggi Peter, Bemerkungen zu einem Urteil über den Architektenvertrag, in: SJZ 69, 1973, S. 301 ff. (zit. Jäggi, Architektenvertrag)

Jäggi Peter, Zum Begriff der vertraglichen Schadenersatzforderung, in: Festgabe für Wilhelm Schönenberger zum 70. Geburtstag, Freiburg 1968, S. 181 ff. (zit. Jäggi, Schadenersatzforderung)

Jäggi Peter/Gauch Peter, Zürcher Kommentar zum Schweizerischen Zivilgesetzbuch, Teilbd. V 1b, Kommentar zu Art. 18 OR, Zürich 1980

Kaiser Urs, Die zivilrechtliche Haftung für Rat, Auskunft, Empfehlung und Gutachten, Diss. Bern 1987

Keller Max/Schöbi Christian, Das Schweizerische Schuldrecht, Bd. I, Allgemeine Lehren des Vertragsrechts, 3. Aufl., Basel und Frankfurt am Main 1988

Keller Max/Gabi Sonja, Das Schweizerische Schuldrecht, Bd. II, Haftpflichtrecht, 2. Aufl., Basel und Frankfurt am Main 1988

Keller Max/Schaufelberger Peter C., Das Schweizerische Schuldrecht, Bd. III, Ungerechtfertigte Bereicherung, 3. Aufl., Basel und Frankfurt am Main 1990

Koller Alfred, Die Haftung für den Erfüllungsgehilfen nach Art. 101 OR, Diss. Freiburg, Zürich 1980

Kramer Ernst/Schmidlin Bruno, Berner Kommentar zum schweizerischen Privatrecht, Bd. VI, Obligationenrecht, 1. Teilbd., Allgemeine Einleitung in das Schweizerische Obligationenrecht und Kommentar zu Art. 1 - 18 OR, Bern 1986

Kreis Henri, Der Architektenvertrag, Diss. Zürich 1938

Kuhn Moritz, Die Haftung aus falscher Auskunft und Raterteilung, in: SJZ 83, 1987, S. 353 ff. (zit. Kuhn, Auskunft)

Kuhn Rolf, Die Anrechnung von Vorteilen im Haftpflichtrecht, Diss. St. Gallen, Bern/Stuttgart 1987 (zit. Kuhn, Anrechnung)

Kummer Max, Berner Kommentar zum schweizerischen Privatrecht, Bd. I, 1. Abt., Einleitung, Bern 1966 (Kommentar zu Art. 8 ZGB)

Kunz Heinrich, Bauleitung - Baukosten, 3. Aufl., Dietikon 1972

Larenz Karl, Lehrbuch des Schuldrechts, Bd. I, Allgemeiner Teil, 14. Aufl., München 1987 (zit. Schuldrecht I)

Lauer Jürgen, Zur Haftung des Architekten bei Bausummenüberschreitung, in: BauR 1991, S. 401 ff.

Leuenberger Christoph, Dienstleistungsverträge, in: ZSR 106, 1987, II, S. 1 ff.

Locher Horst, Das private Baurecht, 4. Aufl., München 1988 (zit. Locher, Baurecht)

Locher Horst, Die Haftung des Architekten für Bausummenüberschreitung, in: NJW 1965, S. 1696 ff. (zit. Locher, Bausummenüberschreitung)

Meier-Hayoz Arthur, Berner Kommentar zum schweizerischen Privatrecht, Bd. I, 1. Abt., Einleitung, Bern 1966 (Kommentar zu Art. 1 und 4 ZGB)

Meier-Hayoz Arthur, Berner Kommentar zum schweizerischen Privatrecht, Bd. IV, Sachenrecht, 1. Abt., Das Eigentum, 1. Teilbd., Systematischer Teil und Allgemeine Bestimmungen, Bern 1981 (Kommentar zu Art. 641 - 654 ZGB)

Merz Hans, Die Qualifikation des Architektenvertrages, in: Innominatverträge, Festgabe für Walter R. Schluep, Zürich 1988, S. 205 ff. (zit. Merz, Qualifikation)

Merz Hans, Obligationenrecht, Allgemeiner Teil, 1. Teilbd., in: SPR VI/1, Basel/Frankfurt 1984 (zit. Merz, SPR VI/1)

Müller, Die rechtliche Natur des Bauvoranschlages, in: ZBJV 39, 1903, S. 602 ff.

Nägeli Wolfgang/Hungerbühler Kurt, Handbuch des Liegenschaftenschätzers, 3. Aufl., Zürich 1988

Nietlisbach Hans, Zur Frage der zivilrechtlichen Verantwortlichkeit für schlechten Rat und falsche Auskunft nach schweiz. OR, Diss. Zürich, Immensee 1948

Oftinger Karl, Schweizerisches Haftpflichtrecht, Bd. I, Allgemeiner Teil, 4. Aufl., Zürich 1975 (zit. Oftinger I)

Oftinger Karl/Stark Emil, Schweizerisches Haftpflichtrecht, Bd. II/1, Besonderer Teil, 4. Aufl., Zürich 1987

Oser Hugo/Schönenberger Wilhelm, Zürcher Kommentar zum Schweizerischen Zivilgesetzbuch, V. Bd., Das Obligationenrecht, 1. und 2. Teilbd., Zürich 1929 und 1936 (Kommentar zu Art. 1 - 183 und Art. 184 - 418 OR)

Oswald Christoph, Analyse der Sorgfaltspflichtverletzung, Diss. Zürich 1980

Pedrazzini Mario M., Werkvertrag, Verlagsvertrag, Lizenzvertrag, in: SPR VII/1, Basel/Stuttgart 1977, S. 495 ff.

Perrin Jean-François, Le contrat d'architecte, Genève 1970

Pott/Frieling, Vertragsrecht für Architekten und Bauingenieure, Handbuch zum Architektenvertrag, Essen 1979

Reber Hans, Rechtshandbuch für Bauunternehmer, Bauherr, Architekt und Bauingenieur, 4. Aufl., Dietikon 1983

Sauter Walter, Das Rechtsverhältnis zwischen Bauherren und Architekten, Diss. Zürich 1938

Schaer Roland, Grundzüge des Zusammenwirkens von Schadensausgleichsystemen, Basel und Frankfurt am Main 1984

Schaub Rudolf P., Der Engineeringvertrag, Rechtsnatur und Haftung, Diss. Bern, Zürich 1979

Schaumann Claudia, Rechtsprechung zum Architektenrecht, 3. Aufl., Freiburg 1991

Schenker Franz, Die Voraussetzungen und die Folgen des Schuldnerverzugs im schweizerischen Obligationenrecht, Diss. Freiburg 1988

Schönenberger Wilhelm/Jäggi Peter, Zürcher Kommentar zum Schweizerischen Zivilgesetzbuch, Teilbd. V 1a, Einleitung und Kommentar zu Art. 1 - 17 OR, Zürich 1973

Schluep Walter R., Innominatverträge, in: SPR VII/2, Basel/Stuttgart 1979, S. 763 ff.

Schumacher Rainer, Die Haftung des Architekten aus Vertrag, in: Gauch/Tercier (Hrsg.), Das Architektenrecht, Freiburg 1986, S. 105 ff.

Schwager Rudolf, Die Vollmacht des Architekten, in: Gauch/Tercier (Hrsg.), Das Architektenrecht, Freiburg 1986, S. 213 ff

Spiro Karl, Die Begrenzung privater Rechte durch Verjährungs-, Verwirkungs- und Fatalfristen, Bern 1975 (zit. Spiro, Verjährung)

Spiro Karl, Die Haftung für Erfüllungsgehilfen, Bern 1984 (zit. Spiro, Erfüllungsgehilfen)

Steinert Maia, Schadensberechnung bzw. Vorteilsausgleich bei der schuldhaften Bausummenüberschreitung des Architekten, in: BauR 1988, S. 552 ff.

Stierli Bruno, Die Architektenvollmacht, Diss. Freiburg 1988

Tausky Robert, Die Rechtsnatur der Verträge über die Planung von Bauwerken, Diss. Zürich 1991

Tercier Pierre, La partie spéciale du Code des obligations, Zürich 1988 (zit. Tercier, Partie spéciale)

Tercier Pierre, L'extinction prématurée du contrat, in: Gauch/Tercier (Hrsg.), Das Architektenrecht, Freiburg 1986, S. 321 ff. (zit. Tercier, L'extinction)

Thiele Wolfgang, Gedanken zur Vorteilsausgleichung, in: AcP 167, 1967, S. 193 ff.

Trümpy Daniel, Architektenvertragstypen, Diss. Zürich 1989

Vogel Oscar, Grundriss des Zivilprozessrechts, 3. Aufl., Bern 1992

Von Büren Bruno, Schweizerisches Obligationenrecht, Besonderer Teil, Zürich 1972 (zit. von Büren, Besonderer Teil)

Von Castelberg Victor, Die rechtliche Bedeutung des Kostenansatzes beim Werkvertrag, Diss. Freiburg, Zürich 1917

Von Tuhr Andreas/Peter Hans, Allgemeiner Teil des Schweizerischen Obligationenrechts, Bd. I, 3. Aufl., Zürich 1979

Von Tuhr Peter/Escher Arnold, Allgemeiner Teil des Schweizerischen Obligationenrechts, Bd. II, 3. Aufl., Zürich 1974

Weber Rolf H., Aktuelle Probleme im Recht des einfachen Auftrags, in: AJP 1992, S. 177 ff.

Weber Rolf H., Berner Kommentar zum schweizerischen Privatrecht, Bd. VI, Obligationenrecht, 1. Abt., 4. Teilbd., Vorbemerkungen und Kommentar zu Art. 68 - 96 OR, Bern 1983

Weber Rolf H., Praxis zum Auftragsrecht und zu den besonderen Auftragsarten, Bern 1990 (zit. Weber, Praxis)

Werner Ulrich/Pastor Walter, Der Bauprozess, 6. Aufl., Düsseldorf 1990

Wingenfeld Klaus, Die rechtliche Bedeutung von Kostenvoranschlägen, insbesondere der Architekten, mit vergleichenden Bemerkungen zum französischen und schweizerischen Recht, Diss. Bonn 1971

Wright Martin, Baukostenanalyse und Baukostenkennwerte - Zwei neue CRB-Arbeitsinstrumente für die Kostenplanung in frühen Planungsphasen, in: Schweizer Ingenieur und Architekt, 102. Jahrgang, 1984, S. 726 ff.

Zäch Roger, Berner Kommentar zum schweizerischen Privatrecht, Bd. VI., 1. Abt., 2. Teilbd., 2. Unterteilbd., Die Stellvertretung, Bern 1990 (Kommentar zu Art. 32 - 40 OR)

ABKÜRZUNGSVERZEICHNIS

AB	Amtsbericht
Abs.	Absatz
Abt.	Abteilung
AcP	Archiv für civilistische Praxis
AGVE	Aargauische Gerichts- und Verwaltungsentscheide
AJP	Aktuelle Juristische Praxis, Lachen/SZ
Anm.	Anmerkung/Fussnote
Art.	Artikel
aSIA-Ordnung 102	Ordnung für Arbeiten und Honorare der Architekten, Ausgabe 1969
Aufl.	Auflage
BauR	Zeitschrift für das gesamte öffentliche und zivile Baurecht, Düsseldorf
Bd.	Band
betr.	betreffend
BGB	(Deutsches) Bürgerliches Gesetzbuch vom 18.8.1896
BGE	Entscheidungen des Schweizerischen Bundesgerichts
BGH	(Deutscher) Bundesgerichtshof
BG	Bundesgesetz
BGr.	Bundesgericht
BKP	Baukostenplan (Ausgabe 1989)
BR	Baurecht; Mitteilungen zum privaten und öffentlichen Baurecht, Freiburg
CRB	Schweizerische Zentralstelle für Baurationalisierung, Zürich
d.h.	das heisst
Diss.	Dissertation
EGV	Entscheidungen der Gerichts- und Verwaltungsbehörden des Kantons Schwyz
Extraits	Entscheide des Kantonsgerichts Freiburg
Ergänzungen der Grossbanken	"Ergänzungen und Änderungen der Grossbanken zur SIA-Ordnung 102, Ausgabe 1984", erarbeitet durch SBG, SBV, SKA und SVB (Ausgabe 1985)

f./ff.	folgende Seite (n)
GVP	St. Gallische Gerichts- und Verwaltungspraxis
Hrsg.	Herausgeber
i.S.	in Sachen
LGVE	Luzerner Gerichts- und Verwaltungsentscheide
lit.	litera
Max.	Maximen; Entscheidungen des Obergerichtes des Kantons Luzern und der Anwaltskammer
Migros-Vertrag	"Vertrag Architekt", herausgegeben von der Migros-Gemeinschaft Bau + Technik (Ausgabe 1991)
N	Note
NJW	Neue Juristische Wochenschrift, München
Nr.	Nummer
OGr.	Obergericht
OR	Bundesgesetz über das Obligationenrecht vom 30.3.1911/18.12.1936
PKG	Die Praxis des Kantonsgerichts von Graubünden
Pra	Die Praxis des Schweizerischen Bundesgerichts
Rep.	Repertorio di Giurisprudenza Patria (Ticino)
RJN	Recueil de jurisprudence Neuchâteloise
S.	Seite
SIA	Schweizerischer Ingenieur- und Architektenverein, Zürich
SIA-Norm 118	Allgemeine Bedingungen für Bauarbeiten, herausgegeben vom SIA, Ausgabe 1977
SIA-Ordnung 102	Ordnung für Leistungen und Honorare der Architekten, Ausgabe 1984
SIA-Ordnung 103	Ordnung für Leistungen und Honorare der Bauingenieure, Ausgabe 1984
SIA-Ordnung 108	Ordnung für Leistungen und Honorare der Maschinen- und der Elektroingenieure sowie der Fachingenieure für Gebäudeinstallationen, Ausgabe 1984
SJ	Semaine Judiciaire
SJZ	Schweizerische Juristenzeitung
SPR	Schweizerisches Privatrecht
vgl.	vergleiche
z.B.	zum Beispiel

ZBJV	Zeitschrift des Bernischen Juristenvereins
ZGB	Schweizerisches Zivilgesetzbuch vom 10.12.1907
Ziff.	Ziffer
zit.	zitiert
ZSR	Zeitschrift für Schweizerisches Recht
ZWR	Zeitschrift für Walliser Rechtsprechung

EINLEITUNG

Die Überschreitung des Kostenvoranschlages des Architekten gibt immer wieder zu Streitigkeiten Anlass. Die vorliegende Arbeit untersucht, ob und inwieweit der Architekt dafür haftet. Im *ersten Kapitel* wird - nach einem allgemeinen Überblick über den Architekturvertrag - der Kostenvoranschlag mit seinen Merkmalen vorgestellt und von anderen Kostenangaben des Architekten, aber auch von der Kostenlimite und der Bausummengarantie abgegrenzt. Das *zweite Kapitel* befasst sich mit den Vertragspflichten des Architekten im Zusammenhang mit dem Kostenvoranschlag und deren Verletzung. Das *dritte Kapitel* ist der Schadenersatzhaftung des Architekten gewidmet. Nach einer Übersicht über mögliche Ursachen der Kostenüberschreitung und die Grundlagen der Schadenersatzhaftung werden die verschiedenen Haftungsfälle eingehend erörtert. Schliesslich wird im *vierten Kapitel* die Frage behandelt, wie sich die Überschreitung des Kostenvoranschlages auf den Vergütungsanspruch des Architekten auswirkt.

1. Kapitel
GRUNDLAGEN

§ 1. Vom Architekturvertrag im allgemeinen (Übersicht)

I. Vertragsparteien und Vertragsgegenstand

1 1. An der Verwirklichung einer Bauaufgabe sind im Normalfall mehrere Personen beteiligt. Eine der wichtigsten davon ist der **Architekt**, der die Bauausführung plant und leitet.

2 Der **Vertragspartner des Architekten** ist meistens der Bauherr, der für sich eine Baute erstellen lässt[1]. Es geschieht aber immer häufiger, dass der Architekt den Architekturvertrag nicht mehr mit dem Bauherrn selber, sondern mit einem Totalunternehmer abschliesst, dem der Bauherr sowohl die gesamte Ausführung einer Baute als auch die dafür notwendigen Planungsarbeiten übertragen hat[2]. Manchmal wird der Architekt von einem Bauingenieur beigezogen, namentlich etwa für die architektonische Gestaltung einer Tiefbaute[3]. In Ausnahmefällen geht er den Architekturvertrag gar mit einem anderen Architekten ein, der zum Beispiel als Generalplaner (Nr. 10) fungiert.

3 2. Der Architekturvertrag, den der selbständige[4] Architekt mit seinem Vertragspartner abschliesst, richtet sich (kurz gesagt) auf die Erbringung

---

[1] Gauch, Werkvertrag, Nr. 171, bezeichnet den Bauherrn als "Herrn des gesamten Baugeschehens, vom dem das Bauvorhaben ausgeht".

[2] Gauch, Werkvertrag, Nr. 194 f.

[3] Vgl. SIA-Ordnung 102, Art. 2.4.

[4] Im folgenden wird unter dem Architekturvertrag nur der mit einem selbständigen (freischaffenden) Architekten abgeschlossene Vertrag verstanden, was dessen Qualifikation als Einzelarbeitsvertrag im Sinne von Art. 319 OR zum vornherein ausschliesst (Gauch, Architekturvertrag, Nr. 2).

von **Architektenleistungen**[5]. Allerdings lässt sich keiner Gesetzesnorm entnehmen, welche Leistungen Architektenleistungen sind und Gegenstand des Architekturvertrages bilden können[6]. Für die Bestimmung der typischen Architektenleistungen ist daher ganz auf die Praxis abzustellen, die dem Architekten zwei Hauptaufgaben zugewiesen hat: nämlich die Planung und die Leitung der Ausführung von Hochbauten[7].

Bei der *Planung* geht es zunächst darum, eine den Vorstellungen des Bauherrn entsprechende (Bau-)Idee in Skizzen und Beschrieben, aber auch im sogenannten Vorprojekt fassbar zu machen[8]. Darüber hinaus gehört zur Planung die Ausarbeitung des Bauprojektes, womit insbesondere die behördliche Erlaubnis zur Realisierung der (Bau-)Idee, also die Baubewilligung, erwirkt werden soll[9]. Im weiteren umfasst die Planung die Anfertigung von Detailstudien, die für die Ausarbeitung des Kostenvoranschlages benötigt werden[10], und von Ausführungsplänen, welche die hauptsächliche Grundlage für die nachherige (körperliche) Bauausführung bilden[11]. Schliesslich wird noch die Erstellung von Kostenschätzungen[12] und des Kostenvoranschlages zu den Planungsarbeiten gezählt[13].

---

[5] Gauch, Architekturvertrag, Nr. 2.

[6] Gauch, Architekturvertrag, Nr. 3.

[7] Jäggi, Architektenvertrag, S. 302; Schluep, S. 902; Tausky, S. 91.

[8] SIA-Ordnung 102, Art. 4.1.1 - 4.1.3; Tausky, S. 54 f.

[9] SIA-Ordnung 102, Art. 4.2.1; Tausky, S. 55.

[10] SIA-Ordnung 102, Art. 4.2.4.

[11] SIA-Ordnung 102, Art. 4.4.2; Tausky, S. 55. - Beachte aber: Die SIA-Ordnung 102 unterscheidet zwischen den "provisorischen Ausführungsplänen" (Überschrift zu Art. 4.3.1), welche die Grundlage für die Ausschreibung bilden, und den "definitiven Ausführungsplänen" (Überschrift zu Art. 4.4.2), die für die Bauausführung benötigt werden.

[12] SIA-Ordnung 102, Art. 4.1.4 und 4.2.2.

[13] SIA-Ordnung 102, Art. 4.2.5; Gauch, Architekturvertrag, Nr. 30; Jäggi, Architektenvertrag, S. 302; Stierli, Nr. 93; Tausky, S. 87 und 136.

5 Typische *Bauleitungsaufgaben* des Architekten sind die gestalterische Leitung[14], die Bauaufsicht und die Koordination der einzelnen Arbeiten[15]. Diese Tätigkeiten begleiten die gesamte (körperliche) Bauausführung und sollen dazu beitragen, dass diese störungsfrei verläuft. Als Bauleitungstätigkeiten werden vielfach aber auch die Ausschreibung[16], die Mitwirkung bei der Arbeitsvergebung[17] sowie die Prüfung der Bauabrechnungen aufgefasst[18].

6 Allein schon diese kurze Übersicht über die typischen Leistungen des Architekten zeigt, wie breitgefächert sein Tätigkeitsgebiet ist. Deshalb muss ein (guter) Architekt die Fähigkeiten eines kreativen Gestalters ebensosehr in sich vereinen wie die eines Managers und eines Kaufmanns[19].

7 *3.* In den weitaus meisten Fällen hat der Architekturvertrag sowohl die Planung als auch die Bauleitung zum Gegenstand. Diese **Erscheinungsform des Architekturvertrages** wird als Gesamtvertrag bezeichnet[20]. Hat der Architekturvertrag hingegen nur eine (oder mehrere) Planungs- oder Bauleitungsleistung(en) zum Inhalt[21], so spricht man von einem Planungs-[22] respektive Bauleitungsvertrag[23].

---

[14] SIA-Ordnung 102, Art. 4.4.3; Gauch, Architekturvertrag, Nr. 35; Tausky, S. 136.

[15] SIA-Ordnung 102, Art. 4.4.4; Gauch, Architekturvertrag, Nr. 35; Tausky, S. 136.

[16] SIA-Ordnung 102, Art. 4.3.2; Jäggi, Architektenvertrag, S. 302; Tausky, S. 136.

[17] SIA-Ordnung 102, Art. 4.3.3; Jäggi, Architektenvertrag, S. 302; Tausky, S. 136.

[18] SIA-Ordnung 102, Art. 4.4.4 und 4.5.1; Jäggi, Architektenvertrag, S. 302; Tausky, S. 136.

[19] Reber, S. 238 f.; Tausky, S. 82.

[20] So z. B. BGE 114 II 56; Gauch, Architekturvertrag, Nr. 36; Jäggi, Architektenvertrag, S. 305; Schluep, S. 903; Tausky, S. 143 f.

[21] Namentlich bei grösseren Bauvorhaben des Gemeinwesens kommt es immer wieder vor, dass mit der Bauleitung ein anderer - zumeist ortsansässiger - Architekt als der planende betraut wird (so z.B. beim Neubau Alters- und Pflegeheim Freienbach, beim Erweiterungsbau Bezirksspital March-Höfe, Lachen, oder beim Neubau Schul- und Mehrzweckanlage Niederurnen).

[22] So z.B. Gauch, Architekturvertrag, Nr. 29; Schluep, S. 903; Tausky, S. 136.

[23] So z.B. Gauch, Architekturvertrag, Nr. 34; Schluep, S. 903; Tausky, S. 136.

II. Abgrenzung der Architektenleistungen zu den Leistungen anderer Baubeteiligter

1. Zu den Leistungen der Spezialisten

8   1. Im Zusammenhang mit der Realisierung von Hochbauten zieht der Bauherr neben dem Architekten vielfach noch einen **Bauingenieur** bei, der ihm die Tragkonstruktion zu planen und deren Ausführung zu kontrollieren hat[24]. Zudem werden immer häufiger "**Fachingenieure für Gebäudeinstallationen**"[25] eingeschaltet, die Planungs- und Leitungsaufgaben im Zusammenhang mit dem Einbau von Elektro-, Lüftungs-, Heizungs- oder Sanitäranlagen verrichten[26].

9   Indem auch diese Spezialisten Planungsarbeiten und Leitungsfunktionen übernehmen, erbringen sie gleichartige Arbeiten wie der Architekt[27]. Allerdings beschränken sich ihre Arbeiten auf "*einzelne (spezielle) Fachgebiete des Bauwerkes*"[28]. Dem Architekt (im hier verstandenen Sinne) sind nicht bloss alle anderen Planungs- und Leitungsaufgaben übertragen[29]. Vielmehr hat der Architekt auch "die Probleme eines Bauvorhabens in ihrem Gesamtzusammenhang zu erfassen"[30] und übt - sofern er mit seinem Vertragspartner einen Gesamtvertrag eingegangen ist - "die Funktion eines Gesamtleiters aus"[31]. Zum Aufgabenbereich des Gesamtleiters gehört auch,

---

[24] SIA-Ordnung 103, Art. 4.2; vgl. auch die Beispiele im Anhang zur SIA-Ordnung 103, S. 45 f.

[25] So die Bezeichnung der SIA-Ordnung 108 (vgl. z.B. Art. 1.1).

[26] SIA-Ordnung 108, Art. 3.6 und 4; vgl. auch die Beispiele im Anhang zur SIA-Ordnung 103, S. 34 ff. - Zur wachsenden Bedeutung der "Fachingenieure für Gebäudeinstallationen": vgl. Lampert Paul, Architekt und Ingenieur - Neue Rollenverteilung, in: Schweizer Ingenieur und Architekt, 104. Jahrgang, 1986, S. 65 ff.

[27] Schaub, S. 72 ff; Stierli, Nr. 112.

[28] SIA-Ordnung 108, Art. 2.4.1; Stierli, Nr. 111.

[29] Tausky, S. 83.

[30] SIA-Ordnung 102, Art. 2.3.2; vgl. auch SIA-Ordnungen 103 und 108, Art. 2.4.1.

[31] SIA-Ordnung 102, Art. 2.3.2. - Übernimmt der Architekt nur die Planung einer Baute, so schuldet er bloss (aber immerhin) die Planungsleitung (Stierli, Nr. 105).

dass er die Arbeiten aller Fachleute leitet und koordiniert, die an der Planung und Ausführung der Baute mitwirken[32].

10 2. Die Aufteilung von Planungs- und Leitungsarbeiten auf Architekt und Spezialisten ist für den Bauherrn (z.B. bezüglich der Haftung) nicht immer vorteilhaft. Daher ziehen es immer mehr Bauherren vor, den Architekturvertrag mit einem **Generalplaner** abzuschliessen[33]. Der Generalplaner übernimmt für sie alsdann die gesamte Planung und Leitung der Ausführung einer Baute, unter Einschluss allfälliger Spezialistenleistungen[34]. Vielfach verrichtet der Generalplaner - ähnlich wie der Generalunternehmer[35] - die übernommenen Arbeiten nicht selber (oder mit eigenen Arbeitskräften), sondern vergibt einen Teil davon im eigenen Namen und auf eigene Rechnung an andere Fachleute weiter[36].

2. Zu den Arbeiten der Bauunternehmer

11 Im Unterschied zum Architekten schulden die Bauunternehmer die **körperliche Gestaltung einer Baute** oder eines Bauteils[37] und bringen so das vom Architekten geplante Bauwerk zur Ausführung. Der Vertrag, womit ein Bauunternehmer zu dieser Leistung verpflichtet wird, ist stets als Werkvertrag (Art. 363 OR) zu behandeln[38]. Das gilt selbst dann, wenn der Bauunternehmer - als Totalunternehmer - neben der Ausführung einer Baute noch deren Planung übernimmt[39].

---

[32] SIA-Ordnung 102, Art. 3.3.1; Tausky, S. 91.

[33] Die Vorteile dieses Vorgehens umschreibt Schluep, S. 901 f., wie folgt: "Die Zusammenfassung verschiedener Spezialistendienste im Angebot einer Hand wahrt die Vorteile der Spezialisierung bei gleichzeitiger Überwindung der technisch-organisatorischen Komplikationen und einheitlicher Verantwortung".

[34] Hess, S. 27; Schaub, S. 23; Stierli, Nr. 96; Tausky, S. 84. - Nach der Terminologie der SIA-Ordnung 102 handelt es sich dabei um eine "Gesamtbeauftragung" (Art. 3.4.2.).

[35] Vgl. Gauch, Werkvertrag, Nr. 185.

[36] SIA-Ordnung 102, Art. 3.4.2; Stierli, Nr. 96.

[37] Gauch, Werkvertrag, Nr. 168 ff.

[38] Gauch, Architekturvertrag, Nr. 24.

[39] BGE 114 II 57; Gauch, Werkvertrag, Nr. 196.

III. Rechtsnatur

12   Kaum ein Thema des Zivilrechts hat in den letzten Jahren derartige Kontroversen ausgelöst wie das Problem der (richtigen) **Qualifikation des Architekturvertrages**. Ich will diese Frage nicht (auch noch) im Detail erörtern, sondern mich darauf beschränken, die einschlägigen Grundsätze der bundesgerichtlichen Rechtsprechung darzulegen und kurz zu kommentieren.

1. Rechtsnatur des Planungsvertrages

13   *1.* In einer ersten Phase behandelte das Bundesgericht den (entgeltlichen[40]) Planungsvertrag, der "die Herstellung von Skizzen und Bauprojekten, sowie von Ausführungs- und Detailplänen" umfasst, als Werkvertrag (Art. 363 ff. OR)[41]. In **BGE 98 II 305 ff.** wich das Bundesgericht jedoch von seiner bisherigen Praxis ab und unterstellte den Planungsvertrag vorbehaltlos dem **Auftragsrecht** (Art. 394 ff. OR). Zur Begründung führte es im wesentlichen an, Gegenstand eines Werkvertrages könnte nur die Herstellung körperlicher Werke bilden, weil nur diese der werkvertraglichen Mängelhaftung (Art. 367 - 371 OR) zugänglich seien. Geistige Werke, insbesondere Baupläne des Architekten, seien zum vornherein der "Sachgewähr" entzogen, weshalb sie nur als Auftrag erfassbar seien[42].

14   Im sogenannten "Geometerentscheid"[43] änderte das Bundesgericht seine Praxis erneut. Es anerkannte nun wieder, dass auch geistige Arbeitserfolge Werkleistungen sein könnten. Folgerichtig hielt das Bundesgericht im kurz darauf veröffentlichten **BGE 109 II 462 ff.** fest, dass die selbständige Erstellung von Ausführungsplänen und des Kostenvoranschlages, allenfalls sogar die Ausarbeitung von Bauprojekten, **Inhalt eines Werkvertrages** seien. Diese Praxis wurde kürzlich in BGE 114 II 53 ff. bestätigt und kann

---

[40]   Zur Qualifikation des Planungsvertrages bei fehlender Entgeltlichkeit: vgl. Gauch, Architekturvertrag, Nr. 31.

[41]   BGE 63 II 172.

[42]   BGE 98 II 311.

[43]   BGE 109 II 34 ff.

als gefestigt betrachtet werden; dies umso mehr, als sie auch der heute wohl vorherrschenden Auffassung entspricht[44].

15   2. Meiner Ansicht nach ist die vom Bundesgericht vorgenommene **Zuweisung des Planungsvertrages ins Werkvertragsrecht richtig**: Der Architekt verspricht eben nicht nur Arbeit, sondern einen Arbeitserfolg[45]. Überdies ist er verpflichtet, dem geschuldeten Werk dauernde Gestalt in einer Sache (z.B. in Projektplänen, in einem Modell oder Schriftstück) und damit eine "gewisse Körperlichkeit" zu verschaffen[46]. Ausserdem lassen sich die werkvertraglichen Bestimmungen über die Mängelhaftung (Art. 367 - 371 OR) ohne weiteres auf Pläne und Kostenvoranschläge des Architekten anwenden (vgl. z.B. Nr. 73, 137, 363)[47].

2. Rechtsnatur des Bauleitungsvertrages

16   Seit jeher hat das Bundesgericht den Bauleitungsvertrag (unter Einschluss der Mitwirkung bei der Arbeitsvergebung) als **Auftrag** (Art. 394 ff. OR)

---

[44] So z.B. Becker, N 5 zu Art. 363 OR; Fellmann, N 180 zu Art. 394 OR; Gauch, Architekturvertrag, Nr. 29; Jäggi, Architektenvertrag, S. 305; Leuenberger, S. 54; Oser/Schönenberger, N 19 zu Art. 363 OR; Schaub, S. 108; Schluep, S. 904; Trümpy, S. 155. - Anders (nämlich für Auftrag): z.B. Abravanel, Qualification, Nr. 100; Dessemontet, Quelques remarques à propos du contrat d'architecte, in: Hundert Jahre Obligationenrecht, Freiburg 1982, S. 509; Gautschi, N 43 a zu Art. 394 OR; Hess, S. 23; Merz, Qualifikation, S. 210; Pedrazzini, S. 506; Reber, S. 244; Schumacher, Nr. 370; Tausky, S. 253 ff.

[45] Gauch, Architekturvertrag, Nr. 29; Jäggi, Architektenvertrag, S. 302.

[46] Gauch, Werkvertrag, Nr. 42; Jäggi, Architektenvertrag, S. 302.

[47] Eine Einschränkung ist aber mit Bezug auf die Verjährungsvorschrift von Art. 371 Abs. 1 OR zu machen, die dann Anwendung findet, wenn es um die Haftung für den (zu) ungenauen Voranschlag (Nr. 323), aber auch für Planungsfehler geht, die sich nicht im Bauwerk selber, sondern in unnötigen Baukosten niederschlagen (Nr. 150 ff.). Die darin vorgesehene Verjährungsfrist von einem Jahr seit Ablieferung des Voranschlages oder des Planes ist in aller Regel zu kurz bemessen (Nr. 324); denn der Mangel der Werkleistung des Architekten zeigt sich normalerweise erst nach der Bauausführung und damit in den weitaus meisten Fällen nach Ablauf der Verjährungsfrist.

aufgefasst[48]; dies zu Recht: Denn der Architekt schuldet weder die Errichtung der Baute selber noch einen sonstigen Erfolg, der ein Werk im Sinne des Werkvertragsrechts ist[49]. Vielmehr hat er bloss (aber immerhin) "Dienste... zu besorgen" (Art. 394 Abs. 1 OR).

3. Rechtsnatur des Gesamtvertrages

17 *1.* In einer ersten Phase unterstellte das Bundesgericht den die Planung und Bauleitung umfassenden Gesamtvertrag grundsätzlich dem Auftragsrecht (Art. 394 ff. OR), "mit der Massgabe", dass nötigenfalls die Vorschriften des Werkvertragsrechts "aushülfsweise" herangezogen werden dürfen[50]. **In BGE 98 II 305 ff.** wich das Bundesgericht von seiner früheren Ansicht ab und wandte auf den Gesamtvertrag **vorbehaltlos Auftragsrecht** an.

18 Diese Rechtsprechung hatte nur 11 Jahre Bestand; denn schon in **BGE 109 II 462 ff.** änderte das Bundesgericht seine Praxis erneut, indem es den Gesamtvertrag als **gemischten Vertrag** qualifizierte, auf den teils Auftragsrecht (Art. 394 ff. OR) und teils Werkvertragsrecht (Art. 363 ff. OR) anzuwenden sei. An dieser Auffassung hielt das Bundesgericht auch im Entscheid BGE 114 II 53 ff. fest.

19 *2.* Die neuerliche Praxisänderung stiess bei einem grossen Teil der Lehre auf **Kritik**[51]. So verlangen namentlich *Gauch und Merz* eine Rückkehr zur früheren Praxis, die den Gesamtvertrag ungeteilt dem Auftragsrecht unterstellte. Dies mit folgender - meines Erachtens zutreffender - Begründung: Der Gesamtvertrag bilde schon von seinem Ziel her eine Einheit, indem er

---

[48] BGE 114 II 56; 109 II 465; 63 II 177. - So z.B. auch Abravanel, Qualification, Nr. 100; Fellmann, N 181 zu Art. 394 OR; Gauch, Architekturvertrag, Nr. 34; Gautschi, N 43 a zu Art. 394 OR; Jäggi, Architektenvertrag, S. 305; Leuenberger, S. 54; Merz, Qualifikation, S. 210; Schumacher, Nr. 370; Tausky, S. 255.

[49] Gauch, Architekturvertrag, Nr. 29; Jäggi, Architektenvertrag, S. 305; Merz, Qualifikation, S. 210

[50] BGE 63 II 176 ff.

[51] Abravanel, Qualification, Nr. 98; Gauch, Architekturvertrag, Nr. 37; Merz, Qualifikation, S. 211; Tausky, S. 255 ff. - Die bundesgerichtliche Auffassung, wonach der Gesamtvertrag als gemischtes Vertragsverhältnis zu behandeln sei, wird z.B. von Leuenberger, S. 55; Jäggi, S. 305; Schaub, S. 114; Schluep, S. 905; Trümpy, S. 131 f., geteilt.

die Einzelleistungen des Architekten "zu einer geistigen Gesamttätigkeit" zusammenfasse, durch die der Architekt zur Erstellung einer Baute beitrage. Doch werde vom Architekten weder die Baute selbst noch ein sonstiger Erfolg geschuldet, der ein Werk im Sinne des Werkvertragsrechts wäre. Daher entziehe sich der Gesamtvertrag den Regeln des Werkvertrages, während sich seine Qualifikation als einfacher Auftrag rechtfertige[52]. Gegen die Qualifikation als gemischter Vertrag spreche einerseits die Tatsache, dass die geschuldete "Gesamttätigkeit qualitativ etwas anderes sei als bloss die Summe der einzelnen Verrichtungen", weshalb eine Aufsplitterung des Ganzen in Einzelleistungen mit rechtlich differenzierter Behandlung der eigentlichen Natur des Gesamtvertrages widersprechen würde[53]. Andererseits führe die mit der Qualifikation des Gesamtvertrages als gemischtes Vertragsverhältnis verbundene Spaltung der Rechtsfolgen zu völlig unpraktikablen Ergebnissen[54].

IV. Zur Geltung der SIA-Ordnung 102

20   1. Wie schon gesagt, ist der Architekturvertrag kein Vertragstyp, den das Gesetz separat geregelt hat (Nr. 3). Umso wichtiger für die Praxis ist deshalb die vom Schweizerischen Ingenieur- und Architektenverein herausgegebene **SIA-Ordnung 102**, die sich nach eigener Bezeichnung auf die "Leistungen und Honorare des Architekten" bezieht[55]. Zu deren Geltung kurz das Folgende:

21   - Die SIA-Ordnung ist das *private Regelwerk eines privaten Berufsverbandes*. Sie enthält zur Hauptsache vorformulierte Bestimmungen, die den Inhalt des Architekturvertrages regeln[56]. Diese Bestimmungen haben keine allgemeine Verbindlichkeit[57]. Vielmehr

---

52   Gauch, Architekturvertrag, Nr. 37; zustimmend: Merz, Qualifikation, S. 210 f.
53   Gauch, Architekturvertrag, Nr. 38; zustimmend: Merz, Qualifikation, S. 211.
54   Gauch, Architekturvertrag, Nr. 39.
55   Dazu einlässlich: Gauch, Architekturvertrag, Nr. 42 ff.
56   Gauch, Architekturvertrag, Nr. 46.
57   Gauch, Architekturvertrag, Nr. 58.

werden sie wie andere Allgemeine Vertragsbedingungen (wenn überhaupt) immer nur zwischen bestimmten Vertragsparteien verbindlich, und zwar nur in dem Umfange, als sie durch vereinbarte Übernahme in den konkreten Einzelvertrag *Vertragsgeltung* erlangen[58].

22 - Die *vertragliche Übernahme* besteht in der ausdrücklichen oder stillschweigenden Abrede der Parteien, wonach die Bestimmungen der SIA-Ordnung 102 ganz oder teilweise Inhalt des Architekturvertrages bilden sollen[59]. Sie erfolgt zumeist mittels eines entsprechenden Verweises (z.B. im SIA-Vertragsformular 1002)[60]. Häufig geschieht sie global, indem eine Partei eine Bestimmung übernimmt, ohne ihren Inhalt überlegt, verstanden oder gar zur Kentnis genommen zu haben (weil sie z.B. die SIA-Ordnung 102 gar nicht besitzt)[61].

23 - Trotz fehlender Übernahme können einzelne Bestimmungen der SIA-Ordnung 102 (z.B. der Leistungsbeschrieb des Art. 4[62]) deshalb Vertragsgeltung erlangen, weil sie Ausdruck der *Verkehrsübung* sind. Vorausgesetzt ist jedoch immer, dass die Parteien sich durch ausdrückliche oder stillschweigende Abrede der Übung unterworfen haben oder das Gesetz auf die Übung verweist[63]. Anderenfalls dient die Übung bloss (aber immerhin) zur Auslegung unklarer Vertragsklauseln oder als Hilfsmittel für die richterliche Vertragsergänzung[64].

---

[58] Gauch, Architekturvertrag, Nr. 59.

[59] Gauch, Architekturvertrag, Nr. 62.

[60] Gauch/Schluep, Nr. 1130; Schönenberger/Jäggi, N 454 zu Art. 1 OR. - Zur Frage, welche Bestimmungen durch den Verweis übernommen werden: vgl. Gauch, Architekturvertrag, Nr. 64 f.

[61] Gauch/Schluep, Nr. 1130; Kramer/Schmidlin, N 190 zu Art. 1 OR; Schönenberger/Jäggi, N 468 zu Art. 1 OR.

[62] Vgl. Gauch, Architekturvertrag, Nr. 4; Stierli, Nr. 429.

[63] Gauch, Architekturvertrag, Nr. 70; Jäggi/Gauch, N 408 ff. zu Art. 18 OR.

[64] Jäggi/Gauch, N 407 und 524 zu Art. 18 OR; Kramer/Schmidlin, N 29 ff. und 244 zu Art. 18 OR.

24 2. Selbstverständlich werden die Bestimmungen der SIA-Ordnung 102, die sich mit dem **Kostenvoranschlag des Architekten** und mit dessen Überschreitung befassen, im Laufe der nachfolgenden Ausführungen eingehend erörtert. Dabei wird stets vorausgesetzt, dass die behandelten Bestimmungen Vertragsgeltung haben.

§ 2. Der Kostenvoranschlag des Architekten im besonderen

I. Begriff und Merkmale

1. Begriff

25 *1.* Umgangssprache[1], Baufachliteratur[2] und juristisches Schrifttum[3] fassen den Kostenvoranschlag des Architekten zumeist als **Ermittlung der voraussichtlichen Baukosten** auf. Diese Begriffsbestimmung erweist sich als zu eng: Zwar ist es durchaus richtig, dass der Architekt seinem Kostenvoranschlag im Normalfall eine Berechnung der voraussichtlichen Baukosten zugrundezulegen hat. Zum Kostenvoranschlag gehört aber nicht bloss die Kalkulation, sondern vor allem auch deren Kundgabe. Dadurch erteilt der Architekt seinem Vertragspartner **Auskunft über die zu erwartenden Baukosten**[4]. Diese Auskunft bezieht sich - anders als etwa die Schlussabrechnung des Architekten[5] - nicht auf ein bereits eingetretenes, sondern auf ein künftiges Ereignis, weshalb der Kostenvoranschlag des Architekten nichts anderes darstellt als eine Prognose über die voraussichtlichen Baukosten[6].

26 *2.* Nicht begriffsnotwendig für den Kostenvoranschlag ist dessen Schriftlichkeit[7]. Doch bildet **Schriftlichkeit die Regel**. Auch die SIA-Ordnung 102 verlangt die Vorlage eines Schriftstückes "mit detaillierter Beschreibung der vorgesehenen Materialien und Lieferungen, Bezeichnung der gewählten Materialien" (Art. 4.2.5). In Ausnahmefällen kann aber ver-

---

1 Duden, Bedeutungswörterbuch, Mannheim 1970, S. 389 und 744; Mackensen, Deutsches Wörterbuch, 10. Aufl., Köln 1982, S. 620; Peckrum, Das Deutsche Wort, Zürich 1965, S. 739.

2 Brandenberger/Ruosch, S. 136 und 199; CRB, Kostenplanung, S. 30 ff.; Kunz, S. 139.

3 So z.B. Bollag, S. 68; Pott/Frieling, Nr. 178; von Castelberg, S. 7; Werner/Pastor, Nr. 723; Wingenfeld, S. 92.

4 Gauch, Überschreitung, S. 81.

5 SIA-Ordnung 102, Art. 4.5.1.

6 Gauch, Überschreitung, S. 81; Lauer, S. 403; Schumacher, Nr. 623.

7 Wingenfeld, S. 31.

einbart (oder vom Bauherrn angeordnet) worden sein, dass der Architekt anstelle eines Schriftstückes[8] einen elektronischen Datenträger (z.B. eine Diskette) abzuliefern hat, worauf der Kostenvoranschlag aufgezeichnet ist (Nr. 105).

27 3. Der Kostenvoranschlag ist nicht die einzige Kostenprognose, die der Architekt im Laufe seiner Planungstätigkeit kundgibt. Von anderen Kostenprognosen wie etwa der "Schätzung der Baukosten"[9] unterscheidet sich der Kostenvoranschlag - wie er sich in der Praxis eingebürgert hat - hauptsächlich dadurch, dass der Architekt ihn auf eine **detaillierte Kalkulation** abzustützen hat[10]. Zudem handelt es sich beim Kostenvoranschlag "nach Massgabe des üblichen Bauablaufes"[11] um die letzte - und im Normalfall genaueste - Kostenprognose des Architekten vor Beginn der Bauausführung[12].

28 4. **Zusammenfassend** ist der Kostenvoranschlag des Architekten eine Prognose aufgrund einer detaillierten Kalkulation, die dessen Vertragspartner über die zu erwartenden Baukosten informiert[13]. Von diesem Begriff, der im wesentlichen mit demjenigen der SIA-Ordnung 102 übereinstimmt[14], gehe ich im folgenden aus.

---

[8] Dieses Schriftstück kann bei grösseren Bauvorhaben einen Umfang von 100 oder noch mehr Seiten erreichen (Kunz, S. 140).

[9] SIA-Ordnung 102, Art. 4.2.2.

[10] So auch EGV 1985, Nr. 34, S. 103 (= BR 1987, S. 15 f.; Nr. 5); GVP 1985, Nr. 44, S. 101 (= BR 1986, S. 61 f., Nr. 84); ZWR 1985, S. 309 f. (= BR 1987, S. 15 f., Nr. 4); Bollag, S. 81.

[11] Gauch, Architekturvertrag, Nr. 4.

[12] SIA-Ordnung 102, Art. 4.1 - 4.3.

[13] Ähnlich: GVP 1985, Nr. 44, S. 101 (= BR 1986, S. 61 f., Nr. 84).

[14] SIA-Ordnung 102, Art. 4.2.5.

2. Merkmale

A. Prognose über die voraussichtlichen Baukosten

a) Rechtsnatur, Wesen und Adressat der Prognose

29 *1.* Mit der Eröffnung des Kostenvoranschlages will der Architekt kein Recht oder Rechtsverhältnis begründen, abändern oder beendigen[15]. Insbesondere enthält diese Mitteilung, für sich genommen, keine Offerte des Architekten, allfällige Mehrkosten selber zu tragen. Darum handelt es sich beim Voranschlag nicht um eine Willenserklärung, sondern um eine blosse **Vorstellungsäusserung** des Architekten[16], die als Prognose Auskunft über die voraussichtlichen Baukosten gibt[17].

30 Diese Qualifikation ändert allerdings nichts an der Tatsache, dass der Kostenvoranschlag in erheblichen Masse geeignet (ja geradezu dazu bestimmt) ist, den Adressaten in seinen künftigen Entscheidungen und Dispositionen zu beeinflussen[18]. Deshalb wird der Architekt für seinen (zu) ungenauen Voranschlag auch schadenersatzpflichtig (Nr. 227 ff.).

31 *2.* Die Prognose befasst sich (definitionsgemäss) mit der Zukunft. Zukünftige Ereignisse können zwar geplant werden. Ihren endgültigen Verlauf kann man jedoch vorher nicht wissen. Darüber sind erst Mutmassungen möglich. Darum ist jeder Prognose eine **gewisse Unzuverlässigkeit** eigen.

32 Das gilt ebenso für den Kostenvoranschlag des Architekten, da er sich mit der (künftigen) Erstellung von Bauten und damit mit einem Sachverhalt befasst, der naturgemäss erhebliche Unsicherheitsfaktoren in sich birgt[19].

---

[15] Gauch/Schluep, Nr. 168; Kramer/Schmidlin, N 4 zu Art. 1 OR.

[16] Von Tuhr/Peter, S. 175 f. - Derartige Erklärungen werden auch als "Vorstellungsmitteilungen" (Kramer/Schmidlin, N 69 zu Art. 1 OR) oder "Wissensäusserungen" bezeichnet (Schönenberger/Jäggi, N 42 zu Art. 1 OR).

[17] Vgl. Gauch, Werkvertrag, Nr. 655.

[18] Dem entspricht es, dass der Kostenvoranschlag "Grundlage zur Beurteilung und zur Korrektur des Verhältnisses von Kosten und Nutzen" bildet (SIA-Ordnung 102, Art. 4.2.5).

[19] Gauch, Bauleitung, S. 15; Werner/Pastor, Nr. 1562

Hinzu kommt vor allem, dass der Kostenvoranschlag gemäss üblichem Bauablauf vor der Ausschreibung anzufertigen ist[20], weshalb die meisten kostenbegründenden Daten (wie etwa hinsichtlich Leistungsmengen und Preisen) noch nicht feststehen, sondern geschätzt werden müssen[21]. Aus diesem Grund verfügt der Architekt nach Lehre und Rechtsprechung über eine bestimmte *Toleranzmarge*, innerhalb der sein Vertragspartner eine Ungenauigkeit des Voranschlages zu dulden hat (Nr. 187).

33   *3.* Der **Adressat** des Kostenvoranschlages (und der damit kundgegebenen Prognose) ist in der Regel der Bauherr (Nr. 2), in vereinzelten Fällen ein anderer Architekt, für den zum Beispiel ein auf Kostenplanungen spezialisierter Architekt (als sogenannter "Subplaner")[22] die Erstellung des Kostenvoranschlages übernommen hat. Möglich ist aber auch, dass der Architekt einem Totalunternehmer die Kosten derjenigen Arbeiten ermittelt und vorhersagt, die dieser nicht selber ausführt, sondern durch seine Subunternehmer verrichten lässt (vgl. Nr. 258)[23].

34   In meinen Ausführungen gehe ich vom **Regelfall** aus, da sich der Kostenvoranschlag des Architekten an den Bauherrn richtet. Doch gelten meine Feststellungen sinngemäss auch für andere Empfänger der Prognose.

b) Die erfassten und zu erfassenden Kosten

35   *1.* Kurz gesagt, hat der Voranschlag des Architekten die **mutmasslichen Baukosten des Bauherrn** zum Gegenstand (Nr. 25). Diese bestehen zur Hauptsache in dessen voraussichtlichen Aufwendungen für die den Bauunternehmern (oder einem Generalunternehmer) übertragene Ausführung der Baute[24], einschliesslich der Gestaltung der Umgebung[25]. Zu den Baukosten werden in der Praxis aber auch die Ausgaben des

---

20   SIA-Ordnung 102, Art. 4.2.5; Gauch, Überschreitung, S. 81; Gautschi, N 3a zu Art. 374 OR.

21   SIA-Ordnung 102, Art. 4.2.5; SIA-Ordnung 102, Gauch, Überschreitung, S. 81.

22   Schumacher, Nr. 523.

23   Vgl. Gauch, Werkvertrag, Nr. 194.

24   Vgl. BKP, S. 8 ff.

25   Vgl. BKP, S. 2 und 54 ff.

Bauherrn für die Vergütung der Tätigkeiten des Architekten und der beigezogenen Spezialisten gezählt[26].

36 2. Welche Kosten der Architekt **im konkreten Fall** zu berücksichtigen hat, ist im Streitfall durch Auslegung des Vertrages zu ermitteln[27]. Das gilt vor allem, wenn streitig wird, ob der Architekt auch die Aufwendungen für Baukreditzinsen[28] oder Versicherungen, sein eigenes Honorar[29] oder die Bauteuerung[30] miterfassen muss.

37 In den weitaus meisten Fällen wird der Architekt verpflichtet, seinen Kostenvoranschlag gemäss dem *Baukostenplan* (BKP) zu gliedern[31]. Deswegen hat der Architekt jedoch noch nicht sämtliche im Baukostenplan aufgelisteten Leistungen miteinzubeziehen[32]. Der Baukostenplan ist bloss ein Hilfsmittel für die Kostenerfassung und enthält zu diesem Zweck eine Kontrolliste möglicher kostenverursachender Leistungen. Er sagt aber über die im konkreten Voranschlag zu erfassenden Kosten selbstverständlich noch nichts aus[33]. Vielmehr sind diese wiederum durch Auslegung zu ermitteln.

38 Die *SIA-Ordnung 102* legt die in den Voranschlag einzuschliessenden Baukosten nicht fest[34]. Namentlich gibt sie keine eindeutige Antwort auf die

---

[26] Vgl. BKP, S. 6, 16, 40, 52, 60 und 66; Schumacher, Nr. 628; Wingenfeld, S. 117 f.

[27] Gauch, Überschreitung, S. 80.

[28] Vgl. dazu EGV 1985, Nr. 34, S. 104 (= BR 1987, S. 15 f., Nr. 5).

[29] Vgl. dazu Gauch, Überschreitung, S. 80 f.

[30] Vgl. dazu EGV 1985, Nr. 34, S. 105 f. (= BR 1987, S. 15 f., Nr. 5).

[31] In der SIA-Ordnung 102 wird der Aufbau des Kostenvoranschlages gemäss Baukostenplan vorgeschlagen, nicht aber vorgeschrieben (Art. 4.2.5).

[32] So mussten z.B. gemäss BGE vom 16.12.1986 i.S. D. gegen L. und S., S. 10, die Kosten für die Verträge über die Unterteilung einer Bauparzelle und über die Errichtung von Servituten nicht erfasst werden, obschon der Baukostenplan, den der Architekt im konkreten Fall zu verwenden hatte, auf S. 4 eine entsprechende Position enthält.

[33] BGE vom 16.12.1986 i.S. D. gegen L. und S., S. 11.

[34] Art. 4.2.5 der SIA-Ordnung 102 spricht nur von den "vorgesehenen Arbeiten und Lieferungen", ohne dieser aber näher zu umschreiben.

(wichtigen) Fragen, ob die Bauteuerung einzurechnen ist oder nicht[35], und wie es sich bezüglich des Architektenhonorares verhält[36].

39 *3.* Ob der Kostenvoranschlag des Architekten ungenau ist, hängt wesentlich auch von seinem Gegenstand ab[37]. Kommt es über den Gegenstand des Voranschlages zum Streit, so ist vor allem darauf abzustellen, welche Kosten der Architekt im vorgelegten und vom Bauherrn genehmigten Voranschlag tatsächlich vorhergesagt hat. Genehmigt nämlich der Bauherr ausdrücklich oder stillschweigend den ihm unterbreiteten Voranschlag, so gibt er zu erkennen, dass auch er dessen Inhalt (die darin **erfassten Kosten** oder den darin angegebenen Genauigkeitsgrad; Nr. 205), zumindest für die Zukunft, gelten lassen will[38].

40 Ergibt sich, dass der Bauherr den vorgelegten Kostenvoranschlag nicht im Sinne des Architekten verstanden hat, so greift das *Vertrauensprinzip* Platz. Folglich ist entscheidend, wie der Bauherr den Kostenvoranschlag verstehen durfte und musste[39].

41 So ist zum Beispiel mangels anderer Anhaltspunkte davon auszugehen, dass im Voranschlag allfällige *Mehrvergütungen* nicht eingeschlossen sind, die der Bauherr einem Unternehmer wegen unvorhersehbarer Umstände (Art. 373 Abs. 2 OR) schuldet; in der Regel sind nämlich diese Kosten auch dem Architekten nicht (auch nicht ansatzweise) bekannt[40]. Ebensowenig vermag der Kostenvoranschlag Auskunft über die *Kosten nachträglicher Änderungswünsche* des Bauherrn zu geben[41]. Ist schliesslich streitig, ob im

---

[35] Anders noch: aSIA-Ordnung 102, Art. 18.2 lit. d, wonach dem Kostenvoranschlag die "aktuellen Preise zugrunde zu legen" waren.

[36] Vgl. dazu Gauch, Überschreitung, S. 81, Anm. 18.

[37] Gauch, Überschreitung, S. 80.

[38] Von Tuhr/Escher, S. 3.

[39] Gauch, Überschreitung, S. 81.

[40] Gauch, Überschreitung, S. 81; Gautschi, N 3a zu Art. 374 OR. - Anders verhält es sich für Mehrvergütungen infolge ausserordentlicher Umstände, die zwar nach "den von beiden Beteiligten" (Bauherr und Unternehmer) "angenommenen Voraussetzungen ausgeschlossen waren", doch für den Architekten (bei der von ihm verlangten Sorgfalt und Fachkenntnis) voraussehbar waren (Gauch, Überscheitung, S. 81, Anm. 19).

[41] Vgl. GVP 1985, Nr. 44, S. 102 (= BR 1986, S. 61 f., Nr. 84); Gauch, Überschreitung, S. 81; Lauer, S. 412.

Voranschlag die voraussichtliche Bauteuerung zwischen seiner Erstellung und der Bauausführung miterfasst sei, so gilt: Äussert sich der Architekt nicht dazu und darf der Bauherr im konkreten Fall in guten Treuen annehmen, die mutmassliche Bauteuerung sei mitberücksichtigt, so hat der Richter diesen Streitfall zugunsten des Bauherrn zu entscheiden. Nicht einbezogen ist aber die mutmassliche Teuerung dann, wenn der Architekt einen Voranschlag vorlegt, der ausdrücklich auf "aktuellen Preisen" basiert[42].

B. Detaillierte Kalkulation als Grundlage

a) Rechtsnatur der Arbeitsleistung "Kalkulation"

42   Indem der Architekt für seinen Voranschlag eine (detaillierte) Kalkulation der voraussichtlichen Baukosten vorzunehmen hat, schuldet er auch eine Arbeitsleistung. Alsdann stellt sich für den Rechtsanwendenden die Frage, welchem **Vertragstypus** die vom Architekten zu erbringende Arbeitsleistung zuzuordnen ist. Ich unterscheide vier Fälle:

43   - Ist der Architekt im Rahmen des konkreten Architekturvertrages nur *zur Herstellung des Kostenvoranschlages* verpflichtet, so schuldet er einen unkörperlichen Arbeitserfolg (nicht bloss Arbeit)[43]. Der Architekt hat überdies seine dafür erforderlichen Berechnungen durchwegs in einem Schriftstück oder einem elektronischen Datenträger wahrnehmbar zu machen, womit seiner Arbeitsleistung eine gewisse Körperlichkeit zukommt[44]. Deshalb ist die Anfertigung eines schriftlichen Kostenvoranschlages (bei Entgeltlichkeit) *Gegenstand eines Werkvertrages* (Art. 363 ff. OR)[45].

---

42   Gauch, Überschreitung, S. 81. - Anders aber: EGV 1985, Nr. 34, S. 105 (= BR 1987, S. 15 f., Nr. 5).

43   Gauch, Architekturvertrag, Nr. 29; Jäggi, Architektenvertrag, S. 302.

44   Gauch, Werkvertrag, Nr. 42; Jäggi, Architektenvertrag, S. 302.

45   BGE 109 II 465; Becker, N 5 zu Art. 363 OR; Gauch, Architekturvertrag, Nr. 30; Oser/Schönenberger, N 19 zu Art. 363 OR. - Anders aber: Abravanel, Qualification, Nr. 123; Pedrazzini, S. 506.

44 - Hat der Architekt *neben dem Kostenvoranschlag noch Baupläne* (z.B. das Bauprojekt oder Detailstudien) anzufertigen, so fallen all diese Tätigkeiten unter das *Werkvertragsrecht* (Art. 363 ff. OR). Denn der Architekt verpflichtet sich auch hier nicht bloss zu Arbeitsleistungen, sondern verspricht Arbeitsergebnisse, die ausserdem in Plänen, Schriftstücken oder elektronischen Datenträgern (körperlich) festzuhalten sind[45].

45 - Bildet die Ausarbeitung des Kostenvoranschlages eine *Leistung des Gesamtvertrages*, so ist diese Arbeit kein selbständig geschuldeter Arbeitserfolg, sondern bloss eine Teilleistung im Rahmen der (geistigen) Gesamttätigkeit des Architekten, durch die er zur Errichtung einer Baute beiträgt[46]. Alsdann richtet sich die Rechtsnatur dieser Teilleistung nach der Rechtsnatur der Gesamttätigkeit (und nicht umgekehrt)[47]. Die Gesamttätigkeit ist indessen nur als Auftrag (Art. 394 ff. OR) fassbar, weshalb im Gesamtvertrag auch die Aufgabe, einen Kostenvoranschlag zu erstellen, vorbehaltlos dem *Auftragsrecht* untersteht (Nr. 19).

46 - Seit dem Entscheid vom 13. Dez. 1983 in Sachen Düssel gegen Dietschi, Boetschi und Moccetti (BGE 109 II 462 ff.) *qualifiziert das Bundesgericht den Gesamtvertrag als gemischten Vertrag*[48]. Es hält deshalb dort, wo "nur einzelne Leistungen des Architekten zu beurteilen sind, ... eine Spaltung der Rechtsfolgen denkbar, indem sich etwa die Haftung für einen Planfehler aus Werkvertrag, jene für unsorgfältige Bauaufsicht aus Auftrag ergeben kann"[49]. Übernimmt man die Auffassung des Bundesgerichts, so liegt es nahe, nicht bloss die Haftung des ("Gesamt"-)Architekten "für einen Planfehler", sondern auch dessen Haftung für den (zu) ungenauen Voranschlag der werkvertraglichen Haftungsordnung (Art. 364 Abs. 1/367 - 371 OR) zu unterwerfen[50]; denn bei gesonderter Vereinbarung hätte die Erstellung des Kostenvoranschlages ebenso

---

[46] Gauch, Architekturvertrag, Nr. 37.

[47] Gauch, Architekturvertrag, Nr. 38.

[48] Ausdrücklich bestätigt in BGE 114 II 56.

[49] BGE 109 II 466.

[50] So z.B. Schaub, S. 177; Schluep, S. 905.

werkvertraglichen Charakter wie die Anfertigung eines Planes (Nr. 43). Allerdings hat das Bundesgericht in einem unveröffentlichten Entscheid vom 16. Dez. 1986 in Sachen D. gegen L. und S. diesen Fall der Architektenhaftung nicht dem Werkvertragsrecht, sondern ausschliesslich dem Auftragsrecht (Art. 394 ff. OR) unterstellt.

b) Das vom Architekten anzuwendende Kalkulationsverfahren

47 *1.* Schon die SIA-Ordnung 102, Ausgabe 1969, hat vom Architekten verlangt, dass er für den Kostenvoranschlag "in seiner üblichen Form"[51] eine **detaillierte Kalkulation** der voraussichtlichen Baukosten vornehmen müsse[52]; dies im Unterschied zur Kostenschätzung, die "nach dem Kubikinhalt oder einer anderen, nicht detaillierten Berechnungsart" erstellt werden konnte[53]. Das "Anforderungsprofil" der SIA-Ordnung 102, Ausgabe 1969, an den Kostenvoranschlag hat auch die Praxis stark geprägt, und so wurde die dort vorgesehene Berechnungsart zu der im Bauwesen allgemein "üblichen Form"[54].

48 *2.* Noch nicht eindeutig beantwortet war von der SIA-Ordnung 102, Ausgabe 1969, die Frage, **wie detailliert** die Kalkulation der mutmasslichen Baukosten sein müsse. Einerseits wurde die Meinung geäussert, dass es für den Kostenvoranschlag schon genüge, wenn der Architekt die voraussichtlichen Kosten der einzelnen Arbeitsgattungen (z.B. der Baumeister- oder Schreinerarbeiten) gesamthaft schätze (und diesem einen "Beschrieb"[55] der vorgesehenen Arbeiten beigebe). Andererseits wurde die Ansicht vertreten[56], dass für den Kostenvoranschlag eine differenziertere (und damit aufwendigere) Berechnung erforderlich sei. Vorab seien die künftigen Mengen der einzelnen Unternehmerleistungen aus den Plänen zu ermitteln,

---

51 aSIA-Ordnung 102, Art. 30.

52 aSIA-Ordnung 102, Art. 18.2 lit. d.

53 Vgl. aSIA-Ordnung 102, Art. 18.2 lit. a und b.

54 EGV 1985, Nr. 34, S. 103 (= BR 1987, S. 15 f., Nr. 5); GVP 1985, Nr. 44, S. 101 (= BR 1986, S. 61 f.); ZWR 1985, S. 309 f. (= BR 1987, S. 15 f., Nr. 4); Kunz, S. 139.

55 aSIA-Ordnung 102, Art. 18.2 lit. d.

56 So z.B. Kunz, S. 139.

und nachher seien die ermittelten Mengen mit den voraussichtlichen Preisen pro Einheit dieser Leistung, mit den Einheitspreisen, zu multiplizieren[57].

49 Die *SIA-Ordnung 102, Ausgabe 1984*, verlangt nunmehr im Art. 4.2.5 für den Kostenvoranschlag eine *Berechnung nach "Ausmass und geschätzten Preisen"*. Damit ist - vor allem auch unter Berücksichtigung der Vorschrift von Art. 4.2.4[58] - klargestellt, dass der Architekt für seinen Kostenvoranschlag die voraussichtlichen Mengen der einzelnen Unternehmerleistungen aus den Plänen zu ermitteln und nachher mit den (von ihm) geschätzten Einheitspreisen zu multiplizieren hat[59]. Das wiederum setzt voraus, dass der Architekt Planungsunterlagen zur Verfügung hat, die eine derart differenzierte Kalkulation ermöglichen: das Bauprojekt und (vor allem) die Detailstudien[60].

50 3. Als Hilfsmittel für die Schätzung der voraussichtlichen Einheitspreise steht dem Architekten das **"Bauhandbuch"** zur Verfügung. Darin werden jährlich die Richtpreise von über 6'000 Standard-Leistungspositionen veröffentlicht[61]. Allerdings ist das eigene Wissen des Architekten, das er durch die Ausführung von Arbeiten gleicher Art gewinnen konnte, für die Preisschätzung mindestens ebenso wichtig wie dieses Hilfsmittel. Denn die Preise im Bausektor sind stark ortsabhängig und können von den im "Bauhandbuch" veröffentlichten Daten erheblich abweichen. Sofern der Architekt schliesslich für gewisse Leistungen nicht über verlässliche Erfahrungswerte verfügt und auch die von der CRB veröffentlichten Werte nicht einschlägig sind, ist er gehalten, für die Aufstellung des Kostenvoranschlages Richtofferten bei Bauunternehmern einzuholen[62].

---

[57] Vgl. SIA-Norm 118, Art. 39 Abs. 1.

[58] Art. 4.2.4 der SIA-Ordnung 102 legt fest, dass die Detailstudien, die "architektonische und konstruktive Grundlagen des Kostenvoranschlages" sind, als "Grundlage der Massenberechnung und der Schätzung der Einheitspreise" zu dienen haben.

[59] Brandenberger/Ruosch, S. 136 und 199; CRB, Kostenplanung, S. 37.

[60] SIA-Ordnung 102, Art. 4.2.5; Brandenberger/Ruosch, S. 26; CRB; Kostenplanung, S. 37.

[61] Vgl. auch Brandenberger/Ruosch, S. 136; CRB, Kostenplanung, S. 29.

[62] Brandenberger/Ruosch, S. 26; Kunz, S. 139.

II. Abgrenzungen

1. Zu anderen Kostenprognosen des Architekten

A. Zu den Kostenschätzungen

51 *1.* Kostenschätzungen sind "Vorläufer" des Kostenvoranschlages und kommen in drei typischen **Erscheinungsformen** vor:

- als *Schätzung "der Grössenordnung der Baukosten"*, die auf den ersten Skizzen basiert und mittels Anwendung der kubischen Berechnung[63] oder der Flächenberechnung[64] angefertigt wird[65];

- als *"Grobschätzung der Baukosten"*, die aufgrund des Vorprojektes "unter Benützung der kubischen Berechnung, der Flächenberechnung oder nach anderen Erfahrungswerten"[66] ausgearbeitet wird[67];

- als *"Schätzung der Baukosten"*, die nach der Vorlage des Bauprojektes nach den gleichen Methoden wie die "Grobschätzung der Baukosten" erstellt wird[68].

52 2. Auch bei den Kostenschätzungen handelt es sich um Prognosen (Nr. 25). An ihre **Genauigkeit** dürfen aber nicht die gleichen Anforderungen gestellt werden wie an die des Kostenvoranschlages, da ihnen noch keine detaillierte, sondern erst eine überschlägige Kalkulation der voraussichtlichen

---

[63] Rauminhalt gemäss SIA-Norm 116 in m3 x geschätzte Baukosten pro m3 umbauter Raum (Brandenberger/Ruosch, S. 136; CRB, Kostenplanung, S. 8; Kunz, S. 140; Wright, S. 727).

[64] Geschossfläche gemäss SIA-Empfehlung 416 in m2 x geschätzte Baukosten pro m2 Geschossfläche (Brandenberger/Ruosch, S. 136; CRB, Kostenplanung, S. 8; Kunz, S. 140; Wright, S. 727).

[65] SIA-Ordnung 102, Art. 4.1.2.

[66] Z.B. nach erfahrungsgemässen Kosten pro m2 Verkaufsfläche (Brandenberger/Ruosch, S. 136).

[67] SIA-Ordnung 102, Art. 4.1.4.

[68] SIA-Ordnung 102, Art. 4.2.2.

Kosten zugrundezulegen ist[69]. So darf gemäss der SIA-Ordnung 102 die "Grobschätzung der Baukosten" eine Ungenauigkeit von +/- 25%[70] und die "Schätzung der Baukosten" von +/- 20 %[71] aufweisen. Vom Kostenvoranschlag hingegen fordert die SIA-Ordnung 102 ("mangels besonderer Vereinbarung") einen Genauigkeitsgrad von +/- 10 % (Nr. 204).

53   Die Kostenschätzungen erfassen nur die voraussichtlichen Aufwendungen des Bauherrn für die Erstellung der Baute als Ganzes, nicht aber (auch) die mutmasslichen Kosten der einzelnen hierfür erforderlichen Arbeiten. Daher sind sie im Unterschied zum Kostenvoranschlag *keine brauchbaren Grundlagen für die Kostenkontrolle* während der Bauausführung[72].

B. Zu den Kostenprognosen aufgrund der Elementmethode

54   *1.* Es vermochte immer weniger zu befriedigen, dass der Architekt erst mit dem Kostenvoranschlag eine zuverlässige Kostenprognose vorlegt[73]. Allein schon die bis zu diesem Zeitpunkt anfallenden Planungsarbeiten, die (aufwendige) Erstellung des Voranschlages eingeschlossen, verursachen dem Bauherrn erhebliche Kosten[74]. Nach der Vorlage des Kostenvoranschlages bringt zudem die Vornahme von wesentlichen Korrekturen am Projekt fast immer einen beträchtlichen Mehraufwand an Planungsarbeiten und unliebsame Bauverzögerungen mit sich[75]. Deshalb wurde ein Kalkulationsverfahren entwickelt, das schon früher die Erstellung einer zuverlässigen Kostenprognose ermöglichen soll: die sogenannte **Elementmethode**[76].

---

[69]   Vgl. BGE 115 II 463; ZWR 1985, S. 309 f. (= BR 1987, S. 15 f., Nr. 4); Brandenberger/Ruosch, S. 133; Wright, S. 731.

[70]   SIA-Ordnung 102, Art. 4.1.4.

[71]   SIA-Ordnung 102, Art. 4.2.2.

[72]   CRB, Kostenplanung, S. 37.

[73]   Brandenberger/Ruosch, S. 135; CRB, Kostenplanung, S. 8 f.; Wright, S. 726.

[74]   Brandenberger/Ruosch, S. 135; CRB, Kostenplanung, S. 8.

[75]   Wright, S. 726.

[76]   CRB, Kostenplanung, S. 10.

55   Diese Methode wurde erstmals von den *Baucontrollern* angewandt, die als Spezialisten für die Kosten- und Terminplanung eingesetzt werden[77]. Sie wurde aber in der Zwischenzeit auch einem breiten (Fach-)Publikum zugänglich gemacht[78] und müsste eigentlich schon jetzt zum "Handwerkszeug" der Architekten gehören.

56   2. Bei der Elementmethode wird die Baute nach dem **Baukastenprinzip** in ihre funktionalen Elemente (z.B. Bodenplatte, Aussenwände, Decken, Dach) aufgeliedert[79]. Alsdann werden die für jedes Element mutmasslich erforderlichen "Bezugsmengen" (z.B. die gesamte Dach- oder Fassadenfläche) errechnet[80]. Die ermittelten "Bezugsmengen" werden daraufhin mit dem voraussichtlichen Preis pro "Elementeinheit"[81] multipliziert, der von der vorgesehenen Ausführungsqualität abhängt[82]. Schliesslich werden die Kosten der einzelnen Elemente miteinander addiert.

57   Diese Kalkulationsmethode hat den *Vorteil*, dass Schätzungsfehler nur noch einzelne Elemente betreffen[83]. Setzt der Architekt dagegen zum Beispiel bei einer Kostenschätzung aufgrund der kubischen Berechnung den Kubikmeterpreis um einen bestimmten Prozentsatz zu tief an, so ist die ganze Schätzung in diesem Umfang ungenau[84]. Bei Anwendung der Elementmethode werden überdies die Auswirkungen allfälliger Schätzungsfehler dadurch reduziert, dass diese sich ausgleichen können[85].

---

[77] Böggering, S. 402; Hürlimann, BR 1983, S. 80.

[78] Das hat insbesondere die CRB besorgt, indem sie die Elementmethode im Buch "Kostenplanung" vorgestellt und Kurse darüber veranstaltet hat.

[79] Brandenberger/Ruosch, S. 139; CRB, Kostenplanung, S. 10. - Ein typisches Gliederungsschema für Hochbauten enthält die von der CRB publizierte "Elementkostengliederung".

[80] Brandenberger/Ruosch, S. 139; CRB, Kostenplanung, S. 10; Wright, S. 727.

[81] CRB, Kostenplanung, S. 10; Wright, S. 727. - Die Preise wichtiger "Elementeinheiten" werden im Jahrbuch "Baukostendaten" veröffentlicht, das ebenfalls von der CRB herausgegeben wird.

[82] CRB, Kostenplanung, S. 11; Wright, S. 727.

[83] CRB, Kostenplanung, S. 13, Wright, S. 727.

[84] CRB, Kostenplanung, S. 13; Wright, S. 727.

[85] CRB, Kostenplanung, S. 13; Wright, S. 727.

Dieser Fehlerausgleich findet umso eher statt, je mehr Elemente in die Berechnung einbezogen werden, was wiederum vom Stand der Planung abhängt. Immerhin kann schon die aufgrund des Vorprojektes erstellte "Kostenschätzung nach Elementen"[86], bei der bloss die "Bezugsmengen" und voraussichtlichen Kosten der einzelnen (Haupt-)Elemente (z.B. die Kosten des Daches oder der Fassaden) erfasst werden, normalerweise einen Genauigkeitsgrad von +/- 10 % aufweisen[87]. Die aufgrund des Bauprojektes ausgearbeitete "Kostenberechnung nach Berechnungselementen"[88], wofür auch die mutmasslichen Kosten der einzelnen Elementteile[89] - der sogenannten "Berechnungselemente"[90] - ermittelt werden, kann in der Regel gar eine Genauigkeit von bis zu +/- 5 % erreichen[91].

58 Demzufolge stellen die Kostenprognosen aufgrund der Elementmethode eine ebenso verlässliche Information über die zu erwartenden Baukosten dar wie der Kostenvoranschlag[92]. Sie können nur nicht für die Kostenkontrolle während der Bauausführung verwendet werden[93]. Bedauerlicherweise ist die Erstellung dieser nützlichen Kostenprognosen *keine Grundleistung im Sinne der SIA-Ordnung 102*. Vielmehr handelt es sich dabei um" weitergehende Kostenberechnungen"[94], die - als

---

[86] CRB, Kostenplanung, S. 34 f. und S. 84 ff; Wright, S. 730.

[87] CRB, Kostenplanung, S. 11.

[88] CRB, Kostenplanung, S. 36 f. und 98 ff.; Wright, S. 730.

[89] So werden z.B. beim Dach die voraussichtlichen Kosten der Dachhaut, des Dachrandabschlusses usw. vorausberechnet.

[90] CRB, Kostenplanung, S. 36 f.; Wright, S. 728.

[91] Böggering, S. 412; CRB, Kostenplanung, S. 11.

[92] Böggering, S. 406.

[93] Allerdings können die aufgrund der Elementmethode erstellten Kostenprognosen ohne weiteres auf die Positionen des Baukostenplans umgerechnet werden, der für die Kostenkontrolle während der Bauausführung bestimmt ist (CRB, Kostenplanung, S. 20; Wright, S. 728).

[94] Vgl. SIA-Ordnung 102, Art. 4.1.1 und 4.2.2.

Zusatzleistungen - nur gestützt auf eine besondere Vereinbarung geschuldet sind[95].

C. Zur "Gesamtkostenübersicht" gemäss Art. 4.3.3 der SIA-Ordnung 102

59 Wird (z.B. "wegen zeitlicher Dringlichkeit"[96]) "in der Projektphase" auf die Ausarbeitung des Kostenvoranschlages verzichtet, so ist der Architekt nach Art. 7.15 der SIA-Ordnung 102 verpflichtet, dem Bauherrn "rechtzeitig eine gleichwertige Kostenübersicht als Entscheidungsgrundlage zu übergeben". Diese Aufstellung wird in der SIA-Ordnung 102 als **"Gesamtkostenübersicht"** bezeichnet (Art. 4.3.3).

60 Die "Gesamtkostenübersicht" unterscheidet sich vom Kostenvoranschlag vor allem dadurch, dass sie erst ausgearbeitet wird, nachdem "Ausschreibungen"[97] durchgeführt, Unternehmerangebote eingegangen und möglicherweise schon Bauwerkverträge zwischen Bauherrn und Unternehmern abgeschlossen sind[98]. Demnach beruht die Gesamtkostenübersicht zumindest teilweise (z.B. hinsichtlich der Baumeisterarbeiten) auf verbindlichen Preisofferten oder - abreden, weshalb *an ihre Genauigkeit höhere Anforderungen* gestellt werden dürfen als an diejenige des Kostenvoranschlages, der vor der Submission erstellt wird[99] und noch blosse Preisschätzungen enthält[100].

D. Zur "blossen Honorarschätzung"

61 *1.* Als "blosse Honorarschätzung" bezeichne ich die von der SIA-Ordnung 102 "bei Auftragserteilung" vorgeschriebene **Orientierung des Architekten**

---

[95] Nach der SIA-Ordnung 102 sind diese Leistungen deshalb mangels anderer Abrede zusätzlich zu honorieren (Art. 5.3.2; vgl. auch CRB, Kostenplanung, S. 13; Wright, S. 731).

[96] aSIA-Ordnung 102, Art. 30.

[97] SIA-Ordnung 102, Art. 4.3.2.

[98] SIA-Ordnung 102, Art. 4.3.3.

[99] SIA-Ordnung 102, Art. 4.2.5.

[100] Gauch, Überschreitung, S. 83; Gautschi, N 3b zu Art. 374 OR.

"**über die voraussichtliche Höhe seines Honorars**" (Art. 5.1). Auch die "blosse Honorarschätzung" stellt keine Willenserklärung dar, sondern eine Vorstellungsäusserung des Architekten (Nr. 29), die seinen Vertragspartner über den mutmasslichen Preis der eigenen Arbeiten informiert (ohne ihn verbindlich festzulegen[101]). Demgegenüber erteilt der Kostenvoranschlag zur Hauptsache Auskunft über die Kosten fremder Bauleistungen (Nr. 35).

62 Der "blossen Honorarschätzung" und dem Kostenvoranschlag ist gemeinsam, dass sie Auskünfte des Architekten sind (wenn auch mit verschiedenem Inhalt). Die "blosse Honorarschätzung" gehört jedoch - anders als der Kostenvoranschlag - zu den Fällen der "*ausservertraglichen Auskunftserteilung*"[102]. Zwar spricht die SIA-Ordnung von einer Orientierung "bei Auftragserteilung". Doch handelt es sich bei der "blossen Honorarschätzung" genaugenommen um eine Information des Architekten im Hinblick auf einen bevorstehenden Vertragsabschluss[103]. Das Gesagte ändert aber nichts daran, dass der Architekt bei gegebenen Voraussetzungen auch im Falle einer ungenügenden[104] Genauigkeit einer solchen ("vorvertraglichen"[105]) Auskunft ersatzpflichtig wird, und zwar aus "culpa in contrahendo"[106].

63 2. Untersteht der konkrete Architekturvertrag (und damit auch die Vergütungsfrage) dem Werkvertragsrecht (Art. 363 ff. OR), weil sich die Vertragsleistung des Architekten auf die Erstellung von Plänen (samt Kostenvoranschlag) beschränkt (Nr. 14 f.), so stellt die Frage, ob die "blosse Honorarschätzung" in den **Anwendungsbereich des Art. 375 OR** fällt. Naheliegend wäre es zwar, die "blosse Honorarschätzung" als "ungefähren Ansatz" im Sinne des Art. 375 OR zu behandeln und dem Bauherrn bei des-

---

[101] Vgl. auch Gauch, Werkvertrag, Nr. 656; Guhl/Merz/Koller, S. 484; OR-Zindel/Pulver, N 5 zu Art. 375; Tercier, Partie spéciale, Nr. 2695.

[102] Gauch/Sweet, S. 104.

[103] Kuhn, S. 351.

[104] Zur Toleranzgrenze: vgl. Gauch, Werkvertrag, Nr. 678; OR-Zindel-Pulver, N 12 zu Art. 375.

[105] Kuhn, S. 352.

[106] Gauch, Werkvertrag, Nr. 691; Kuhn, S. 351; Oftinger/Stark, N 117 zu § 6; OR-Zindel/Pulver, N 14 zu Art. 375.

sen unverhältnismässiger Überschreitung die von dieser Bestimmung vorgesehenen Rechtsbehelfe einzuräumen[107]. Dem widerspricht aber: Die Vorschrift von Art. 375 OR ist als Sonderbestimmung zur Regel über den Grundlagenirrtum (Art. 24 Abs. 1 Ziff. 4 OR) zu verstehen[108]. Sie erkennt dem "ungefähren Ansatz" des Unternehmers (zu Recht) die Bedeutung einer "nach Treu und Glauben notwendigen Grundlage des Vertrages" (Art. 24 Abs. 1 Ziff. 4 OR) zu[109], weshalb der Bauherr bei dessen unverhältnismässiger Überschreitung vom Vertrag "zurücktreten"[110] kann. Eine derartige Bedeutung hat die "blosse Honorarschätzung" des Architekten nur selten. Im Normalfall ist es mehr das Vertrauen in die spezifischen Fähigkeiten des betreffenden Architekten (z.B. in dessen gestalterisches Geschick) und viel weniger dessen Erklärung über die mutmassliche Höhe des Architektenhonorars, die den Bauherrn motiviert, gerade ihn mit den Planungsarbeiten zu betrauen. Meiner Ansicht nach ist darum bei einer unverhältnismässigen Überschreitung der "blossen Honorarschätzung" in der Regel von der Anwendung des Art. 375 OR (insbesondere der darin vorgesehenen Rechtsbehelfe) abzusehen. Eine Ausnahme halte ich dann für gerechtfertigt, wenn der Bauherr nur wegen der Honorarschätzung (weil z.B. das angegebene Honorar besonders günstig war) zum Vertragsabschluss veranlasst wurde[111]. Schon gar nicht gilt die werkvertragliche Sonderregel des Art. 375 OR, falls sich die Vergütung des Architekten nach Auftragsrecht (Art. 394 ff. OR) richtet, weil er neben Planungsarbeiten noch Bauleitungsaufgaben übernimmt (Nr. 19)[112].

---

[107] So aber: Egli, Nr. 991; Schumacher, Nr. 682.

[108] BGE 115 II 461; 109 II 335 f.; 98 II 304; Engel, Contrats, S. 428; Gauch, Werkvertrag, Nr. 656; OR-Zindel/Pulver, N 1 zu Art. 375; Tercier, Partie spéciale, Nr. 2697; von Tuhr/Peter, S. 315.

[109] OR-Zindel/Pulver, N 1 zu Art. 375; Tercier, Partie spéciale, Nr. 2695.

[110] Vgl. dazu Gauch, Werkvertrag, Nr. 670 ff.

[111] Vgl. auch OR-Zindel/Pulver, N 7 zu Art. 375.

[112] Gauch, Überschreitung, S. 80.

2. Zu den Kostenangaben anderer Baufachleute

A. Zum "ungefähren Ansatz" (Art. 375 OR) des Bauunternehmers

64 Der "ungefähre Ansatz" des Art. 375 OR, den Bauherr und Bauunternehmer ihrem Werkvertrag (Art. 363 OR) (anstelle eines bestimmten Preises) zugrunde legen, ist ebenso wie der Kostenvoranschlag des Architekten eine Prognose[113]. Allerdings hat er einen anderen **Inhalt**: Der Bauunternehmer beschränkt sich - wie der Architekt bei der "blossen Honorarschätzung" (Nr. 61) - im "ungefähren Ansatz" darauf, seinen Vertragspartner über den mutmasslichen **Preis seiner eigenen Arbeit** zu orientieren[114]. Der Architekt hingegen informiert mit seinem Voranschlag, zumindest zur Hauptsache, über die voraussichtlichen Kosten fremder Bauleistungen (Nr. 35). Allein schon aus diesem Grunde ist der Kostenvoranschlag des Architekten dem Anwendungsbereich des Art. 375 OR entzogen[115].

65 Hinzu kommt, dass der Bauunternehmer den "ungefähren Ansatz" vor (und zwecks) Abschluss des Werkvertrages erstattet[116]. Deshalb ist (mangels anderer Abrede) die für die Anfertigung des Kostenansatzes allenfalls erforderliche Arbeit unentgeltlich zu verrichten[117]. Der Architekt hingegen erfüllt mit der Erstellung und Ablieferung des Voranschlages eine vertraglich übernommene Pflicht (Nr. 88 ff.), wofür regelmässig eine Vergütung geschuldet ist[118].

66 Die *unverhältnismässige Überschreitung* des "ungefähren Ansatzes" des Bauunternehmers[119] hat denn auch andere Konsequenzen als die des Voranschlages des Architekten: Da der "ungefähre Ansatz" des Bauunternehmers sich auf Bauten bezieht, die "auf Grund und Boden des

---

[113] Gauch, Werkvertrag; OR-Zindel/Pulver, N 4 zu Art. 375.

[114] Gauch, Überschreitung, S. 80; Gautschi, N 3a zu Art. 374 OR; Locher, Baurecht, Nr. 285.

[115] Gauch, Überschreitung, S. 80; Locher, Baurecht, Nr. 285.

[116] Vgl. Gauch, Nr. 656; Gautschi, N 2b zu Art. 374 OR; Tercier, Partie spéciale, Nr. 2695.

[117] Gautschi, N 2c zu Art. 374 OR; differenzierter aber: SJZ 86, 1991, S. 357, Nr. 8.

[118] Gautschi, N 3a zu Art. 374 OR.

[119] Zur Toleranzgrenze: vgl. BGE 115 II 462; Gauch, Werkvertrag, Nr. 678; OR-Zindel/Pulver, N 12 zu Art. 375.

Bestellers" errichtet werden[120], stehen dem Bauherrn diesfalls die Rechtsbehelfe des Art. 375 Abs. 2 OR zu. Danach kann der Bauherr "eine angemessene Herabsetzung des Lohnes[121] verlangen, oder, wenn die Baute noch nicht vollendet ist, gegen billigen Ersatz der bereits ausgeführten Arbeiten dem Unternehmer die Fortführung entziehen und vom Vertrage zurücktreten[122]" (Art. 375 Abs. 2 OR). Wird dagegen der Voranschlag des Architekten übermässig überschritten, hat sein Vertragspartner (bei gegebenen Voraussetzungen) vor allem ein Schadenersatzrecht (Nr. 226 ff.).

B. *Zum Kostenvoranschlag des Bauingenieurs*

67 Zwischen dem Kostenvoranschlag des Bauingenieurs und dem des Architekten bestehen **keine grossen Unterschiede**: Auch beim Kostenvoranschlag des Bauingenieurs handelt es sich um eine Prognose, die als Erklärung eine Vorstellungsäusserung (Nr. 29) und als Arbeitsleistung - je nach Inhalt des konkreten Ingenieurvertrages - Gegenstand eines Werkvertrages (Art. 363 ff. OR) oder eines einfachen Auftrages (Art. 394 ff. OR) ist (Nr. 43 ff.). Zudem ist beiden Voranschlägen gemeinsam, dass sie sich zur Hauptsache mit den mutmasslichen Kosten fremder Bauleistungen befassen. Allerdings hat der Voranschlag des Bauingenieurs "als Beauftragter für ganze Bauwerke"[123] typischerweise die voraussichtlichen Erstellungskosten von Tiefbauten (und nicht von Hochbauten) zum Gegenstand[124]. Im weiteren erstellt auch der Bauingenieur seinen Voranschlag vor der Ausschreibung und ohne Ausführungspläne[125], wobei er nach den gleichen Methoden verfährt wie der Architekt[126]. Verschieden

---

120 Gauch, Werkvertrag, Nr. 170.

121 Zum Mass der Herabsetzung: vgl. BGE 115 II 462; Gauch, Werkvertrag, Nr. 673; OR-Zindel/Pulver, N 29 zu Art. 375.

122 Vgl. dazu Gauch, Werkvertrag, Nr. 671; OR-Zindel/Pulver, N 28 zu Art. 375.

123 SIA-Ordnung 103, Art. 2.3.

124 Zum Tätigkeitsgebiet des Bauingenieurs im einzelnen: vgl. SIA-Ordnung 103, Art. 2.2; Schaub, S. 24 ff.

125 Vgl. SIA-Ordnung 103, Art. 4.1.4.

126 Vgl. SIA-Ordnung 103, Art. 4.1.4.

ist, dass der Architekt gemäss der SIA-Ordnung 102 seinem Voranschlag neben dem Bauprojekt noch zusätzliche Detailstudien zugrundezulegen hat (Art. 4.2.5), während der Voranschlag des Bauingenieurs nach der SIA-Ordnung 103 nur auf den "Unterlagen des Bauprojektes" beruht (Art. 3.7). Schon diese Unterlagen ermöglichen dem Bauingenieur "in der Regel die Veranschlagung der Kosten mit einer Genauigkeit von +/- 10 %". Das wiederum entspricht dem Genauigkeitsgrad, den Art. 4.2.5 der SIA-Ordnung 102 vom Kostenvoranschlag des Architekten verlangt (Nr. 204).

C. Zu den Kostenvoranschlägen der Spezialisten

68 Vielfach erstatten auch die eingesetzten Spezialisten Kostenvoranschläge. Diese Kostenvoranschläge befassen sich ebenfalls mit den mutmasslichen Kosten fremder Bauleistungen, werden nach den gleichen Methoden erstellt wie der Kostenvoranschlag des Architekten[127] und haben dessen Rechtsnatur (Nr. 29, 42 ff.). Zudem verfügen sie nach den einschlägigen SIA-Ordnungen über den gleichen Genauigkeitsgrad (von +/- 10 %)[128] wie der Kostenvoranschlag des Architekten gemäss der SIA-Ordnung 102 (Nr. 204). Ein Unterschied besteht nur im Gegenstand des Voranschlages: Der Spezialist beschränkt sich im Normalfall darauf, die voraussichtlichen **Kosten des von ihm geplanten (speziellen) Bauteils** (z.B. der Baugrube samt Pfahlfundation oder der elektrischen Installationen) vorherzusagen[129]. So "vervollständigt"[130] er den Kostenvoranschlag des Architekten, der sich regelmässig mit den voraussichtlichen Kosten des ganzen Bauwerkes zu befassen und demzufolge auch die Kostenangaben der Spezialisten in seinen Voranschlag zu übernehmen hat (vgl. Nr. 183 f.)[131].

---

[127] Vgl. SIA-Ordnung 103, 4.2.3; SIA-Ordnung 108, Art. 4.2.2.

[128] SIA-Ordnung 103, Art. 3.7; SIA-Ordnung 108, Art. 4.2.2.

[129] Vgl. Anhang zur SIA-Ordnung 103, S. 45 f.

[130] Schaub, S. 29.

[131] SIA-Ordnung 102, Art. 4.2.5.

3. Zur Kostenlimite

69 *1.* Häufig will der Bauherr von allem Anfang nur einen bestimmten Betrag in das Bauwerk investieren und setzt dem Architekten deshalb während der Vertragsverhandlungen, möglicherweise auch erst nach Vertragsabschluss (z.B. nach Vorlage der ersten Skizzen), eine **Limite zur Begrenzung der Baukosten**[132]. Erklärt sich der Architekt mit der vom Bauherrn vorgeschlagenen Kostenlimite ausdrücklich oder stillschweigend einverstanden, so gehört sie zum vereinbarten Inhalt des konkreten Architekturvertrages[133].

70 Bei der so verabredeten Kostenlimite handelt es sich um eine "Eigenschaftsvereinbarung"[134]. Sie setzt sich aus zwei übereinstimmenden Willenserklärungen (Art. 1 Abs. 1 OR) zusammen[135] und bestimmt die Beschaffenheit des vom Architekten anzufertigenden Bauprojektes[136]. Der Kostenvoranschlag hingegen enthält eine einseitig vom Architekten ausgehende Vorstellungsäusserung, die als Prognose Auskunft über die voraussichtlichen Realisierungskosten eines Projektes erteilt, das schon vorliegt und nicht erst erstellt werden muss (Nr. 49).

71 *2.* Die verabrede Kostenlimite ist **nicht unbedingt eine absolute Höchstgrenze**, die bei jeder (auch noch so geringfügigen) Überschreitung verletzt wird[137]. Vielmehr kann die Meinung der Parteien, die im Streitfall durch Auslegung ihrer Erklärungen und ihres sonstigen Verhaltens zu ermitteln ist, ebenso die sein, dass der Bauherr eine Überschreitung der Kostenlimite bis zu einem gewissen Mass durchaus in Kauf zu nehmen hat[138]. Dieses Mass hat der Richter alsdann gemäss dem hypothetischen

---

[132] Beispiel: "Die Baute darf nicht mehr als Fr. 700'000.-- kosten" (Wingenfeld, S. 128; vgl. auch BGE 108 II 197 ff.)

[133] Wingenfeld, S. 128. - Anders: Schumacher, Nr. 693, der die Kostenlimite als Weisung auffasst (so offenbar auch BGE 108 II 197 ff.).

[134] Gauch, Werkvertrag, Nr. 920.

[135] Gauch, Werkvertrag, Nr. 923.

[136] Wingenfeld, S. 128.

[137] Gauch, BR 1983, S. 53.

[138] Gauch, BR 1983, S. 53.

Willen der Parteien festzusetzen[139]. Es ist im Normalfall aber sicher erheblich kleiner als etwa die gemäss der SIA-Ordnung 102 erlaubte Überschreitung von (ungenauen) Kostenschätzungen (Nr. 52). Denn es ist (vernünftigerweise) anzunehmen, der Bauherr wolle mit der Ansetzung einer Kostenlimite den Spielraum des Architekten möglichst eng halten und gerade nicht derart grosse Prognoseungenauigkeiten wie von der SIA-Ordnung 102 gestattet in Kauf nehmen.

72   3. Ergibt sich bei der Erstellung des Kostenvoranschlages oder bei der Submission, dass die verabredete **Kostenlimite** (allenfalls zuzüglich einer gewissen Toleranzmarge) **nicht eingehalten** wird, so gilt:

73   - Kommt auf den konkreten Architekturvertrag (weil er ein reiner Planungsvertrag ist) *Werkvertragsrecht* (Art. 363 ff. OR) zur Anwendung (Nr. 13 ff.), so handelt es sich beim abgelieferten Projekt, das die festgelegte Kostenlimite verletzt, um ein nicht vertragskonformes und deshalb mangelhaftes Werk (Art. 368 OR)[140]. Darf dessen Annahme dem Bauherrn nicht zugemutet werden, weil es für ihn wegen zu hoher Realisierungskosten unbrauchbar ist[141], so hat er ein Recht auf Wandelung des Vertrages (Art. 368 Abs. 1 OR)[142], was es ihm namentlich erlaubt, die Bezahlung der Arbeiten des Architekten zu verweigern[143]. Bei gegebenem Verschulden des Architekten[144] steht dem Bauherrn überdies eine Forderung auf Ersatz des Mangelfolgeschadens zu, der ihm wegen der Verletzung der festgelegten Kostengrenze erwächst. Dieser Schaden kann insbesondere in seinen nutzlosen Ausgaben für Gebühren, den Beizug von Spezialisten etc. bestehen[145].

---

[139] Vgl. BGE 115 II 488 mit Verweisen.
[140] Gauch, BR 1983, S. 53.
[141] Vgl. Gauch, Werkvertrag, Nr. 1082.
[142] SJZ 67, 1971, S. 112, Nr. 49; SJZ 45, 1949, S. 327, Nr. 151; SJZ 44, 1948, S. 310 f., Nr. 107.
[143] Vgl. Gauch, Werkvertrag, Nr. 1052.
[144] Vgl. Gauch, Werkvertrag, Nr. 1328.
[145] Cottier, S. 5.

74 - Unterstehen die Leistungen des Architekten (weil er einen Gesamtvertrag abgeschlossen hat; Nr. 17 ff.) dem *Auftragsrecht* (Art. 394 ff. OR), so ist der Bauherr befugt, den Vertrag mit dem vertragswidrig handelnden Architekten zu widerrufen (Art. 404 Abs. 1 OR), ohne dass dem Architekten eine Entschädigung gemäss Art. 404 Abs. 2 OR oder Art. 1.14.2 der SIA-Ordnung 102 zusteht[146]. Sind die nicht "vertragsgemässen" (Art. 394 Abs. 1 OR) Leistungen für den Bauherrn unbrauchbar, so ist dafür auch keine Vergütung geschuldet[147]. Und schliesslich hat der Architekt - vorbehältlich der Exkulpationsmöglichkeit des Art. 97 Abs. 1 OR - dem Bauherrn den Schaden zu ersetzen, den dieser durch die Missachtung der vereinbarten Kostenlimite erleidet[148].

75 4. Nahe verwandt mit der verabredeten Kostenlimite ist der Fall, da der Architekt von sich aus eine **Zusicherung über die Höchstkosten** abgibt[149]. Diese Zusage kommt namentlich in zwei Erscheinungsformen vor:

76 - Möglich ist, dass der Architekt verspricht, er werde ein Bauprojekt anfertigen, dessen nachherige Ausführung (durch die oder den Unternehmer) höchstens einen bestimmten Betrag kosten werde. Diese Erklärung stellt eine *Zusicherung über die Beschaffenheit einer noch zu leistenden Arbeit* dar, die den Architekten verpflichtet, ein Bauprojekt zu erstellen, das die zugesagten Eigenschaften aufweist[150]. Die Verletzung dieser Pflicht hat die gleichen Rechtsfolgen wie die Missachtung der verabredeten Kostenlimite (Nr. 72 ff.).

---

[146] BGE 104 II 317 ff.; Fellmann, N 91 zu Art. 404 OR; Gautschi, N 17c zu Art. 404 OR; Guhl/Merz/Druey, S. 502; OR-Weber, N 16 zu Art. 404; Tercier, L'extinction, Nr. 1329 f. (mit kritischer Würdigung von BGE 104 II 317 ff.).

[147] Rep. 111, 1978, S. 132 ff (= BR 1979, S. 10, Nr. 4); Rep. 103, 1970, S. 212; Cottier, S. 4; Derendinger, Nr. 447; Fellmann, N 544 zu Art. 394 OR; Tercier, Partie spéciale, Nr. 3072.

[148] Derendinger, Nr. 186; Hofstetter, S. 81.

[149] Vgl. Gauch, Werkvertrag, Nr. 923.

[150] Vgl. Gauch, Werkvertrag, Nr. 926.

77 - Möglich ist auch, dass der Architekt erklärt, die im Kostenvoranschlag vorhergesagte Bausumme werde keinesfalls überschritten. Diese Erklärung enthält eine *Zusicherung* des Architekten, die sich *auf eine Eigenschaft einer schon abgelieferten Arbeit* bezieht[151]. Sie bindet den Architekten insoweit, als die Toleranzgrenze nach oben nicht mehr gilt, weshalb er auch für bloss geringfügige Ungenauigkeiten seines Kostenvoranschlages haftbar werden kann[152].

78 Diese Zusicherung ist stets zu unterscheiden von der Bausummengarantie, womit der Architekt dem Bauherrn (zusätzlich) verspricht, dass er ihm die Kosten, welche die garantierte Bausumme übersteigen, ganz oder zum Teil ersetzen werde (Nr. 79 ff.). Bei der Überschreitung der vom Architekten zugesicherten Höchstkosten kann nämlich der Bauherr nicht einfach den Ersatz der Kosten verlangen, um welche die genannte Höchstgrenze überschritten ist. Vielmehr richtet sich die Haftung des Architekten - gleich der Haftung für den (zu) ungenauen Voranschlag - nur auf den Ersatz des Schadens, den der Bauherr deshalb erleidet, weil er zu Unrecht auf die Zusicherung vertraut und im falschen Vertrauen darauf seine Vermögensdispositionen getroffen hat (Nr. 227 ff.).

4. Zur Bausummengarantie

79 *1.* Der Architekt kann die Einhaltung des Kostenvoranschlages in dem Sinne garantieren, dass er dem Bauherrn verspricht, ihm diejenigen Kosten ganz oder teilweise zu ersetzen, um die sein Voranschlag überschritten wird[153]. Dieses Versprechen bezeichnet man als **Bausummengarantie**[154]. Überwiegend wird angenommen, dass das Leistungsversprechen den Architekten unabhängig davon binde, ob ihn ein Verschulden "an der Überschreitung"[155] trifft oder nicht. Schumacher formuliert es gar so: Mit

---

[151] Vgl. dazu Giger, N 6 ff. zu Art. 197 OR.

[152] Vgl. Schumacher, Nr. 694.

[153] Gauch, Bauleitung, S. 17.

[154] Bindhardt/Jagenburg, N 200 zu § 6; Gauch, Bauleitung, S. 17; Locher, Baurecht, Nr. 274; Pott/Frieling, S. 502; Schumacher, Nr. 695; Werner/Pastor, Nr. 1558.

[155] Werner/Pastor, Nr. 1558.

der Bausummengarantie "übernimmt der Architekt das Risiko der Kostenüberschreitung"[156].

80   2. Als typische Ursachen für Kostenüberschreitungen gelten: Sonder- oder Änderungswünsche des Bauherrn; ausserordentliche Umstände, die einen Anspruch des Bauunternehmers auf Preiserhöhung begründen (Art. 373 Abs. 2 OR); Vertragsverletzungen des Architekten (Nr. 130). Deshalb stellt sich - auch im Hinblick auf die rechtliche Einordnung der Bausummengarantie - die Frage, wofür der Architekt überhaupt die Ersatzleistung zusagt; für das "Risiko der Kostenüberschreitung" gemeinhin oder bloss für einen bestimmten Garantiefall. Diese Frage, die den **Inhalt der Garantie** beschlägt, muss durch Auslegung des konkreten Leistungsversprechens beantwortet werden. Im einzelnen:

81   - Zweifelsohne gibt der Architekt keine Garantie ab für Verteuerungen, die der Bauherr selbst durch (an sich unnötige) *Projektänderungen oder Sonderwünsche* verursacht[157].

82   - Im Regelfall geht die Garantie auch nicht so weit, dass der Architekt Ersatz für Mehrkosten aus *unvorhersehbaren Umständen* (Art. 373 Abs. 2 OR) verspricht[158]. Zwar kann der Architekt eine solche Ersatzleistung zusagen[159]. Doch birgt diese Zusage für den Architekten grosse und vor allem unabschätzbare Gefahren in sich[160], weshalb der Bauherr nach dem Vertrauensprinzip[161] einen derart weitreichenden Garantieinhalt nicht leichthin annehmen darf. Vielmehr muss eine unmissverständliche Erklärung des Architekten vorliegen, er wolle auch für das Risiko von Mehrkosten aus unvorhersehbaren Umständen (Art. 373 Abs. 2 OR)

---

[156] Schumacher, Nr. 695.

[157] Vgl. Bindhardt/Jagenburg, N 204 zu § 6; Wingenfeld, S. 156.

[158] Wingenfeld, S. 157.

[159] Vgl. z.B. BGH, in: NJW 1960, S. 1567.

[160] Locher, Bausummenüberschreitung, S. 1696, bezeichnet eine derartige Garantie gar als "selbstmörderisch weitgehende Zusicherung".

[161] Vgl. Gauch/Schluep, Nr. 1226.

(mit der Ersatzleistung) einstehen[162]. Und eine solche Erklärung wird der Architekt kaum je abgeben.

83 - Somit bezieht sich die Garantie im Normalfall nur auf allfällige *Vertragsverletzungen des Architekten*. Das wirft sogleich die Frage auf, für welche Vertragsverletzungen der Architekt die Ersatzleistung überhaupt garantiert: bloss für den Fall, dass die effektiven Kosten wegen einer Ungenauigkeit des Voranschlages nicht den garantierten entsprechen (vgl. Nr. 180 ff.) oder aber auch (zusätzlich) für die unterlassene Aufklärung bei kostenteuernden Sonder- und Änderungswünschen des Bauherrn (vgl. Nr. 286 ff.). Wurde die Erklärung im Zusammenhang mit dem Kostenvoranschlag abgegeben, so ist das ein starkes Indiz dafür, dass der Architekt die garantierte Ersatzleistung nur dafür verspricht, falls sein Voranschlag nicht genau sein sollte und deshalb überschritten wird[163]; dies umso mehr, als die Kosten nachträglicher Änderungswünsche vom (garantierten) Voranschlag gar nicht erfasst sind (Nr. 41).

84 3. Auf dem Hintergrund der vorhin gemachten Feststellung, dass der Architekt die garantierte Ersatzleistung normalerweise für den Fall einer Vertragsverletzung (und zwar regelmässig für den ungenauen Voranschlag) zusagt, ist nun die **rechtliche Einordnung** der Bausummengarantie vorzunehmen. Ich schliesse aus, dass es sich bei der Bausummengarantie um ein "selbständiges, verschuldensunabhängiges Erfolgsversprechen" handelt, wie dies Schumacher annimmt[164]. Soweit der Architekt nicht gerade auch für Mehrkosten aus unvorhersehbaren Umständen (Art. 373 Abs. 2 OR) garantiert (Nr. 82), bezieht sich seine Erklärung nämlich nicht auf einen Erfolg, der über die "vertragsgemässe Beschaffenheit" der geschuldeten Leistung "hinausgeht"[165]. Es ist unverkennbar, dass nicht der Architekt, sondern der Bauherr die Verträge mit den Unternehmern abschliesst. Das ist aber ein "Risikofaktor", den der Architekt schon bei der Aufstellung sei-

---

[162] Wingenfeld, S. 157.

[163] Vgl. auch Leuenberger, S. 81 und Wingenfeld, S. 154 f.

[164] Schumacher, Nr. 695.

[165] Vgl. Gauch, Werkvertrag, Nr. 940.

nes Kostenvoranschlages zu berücksichtigen hat[166]. Weil der Architekt letztlich nur für die eigene Leistung und nicht für die "Leistung eines Dritten" garantiert, entzieht sich die Bausummengarantie meines Erachtens auch dem Anwendungsbereich von Art. 111 OR[167]. Qualifiziert sich aber die Bausummengarantie weder als selbständiges Erfolgsversprechen noch als Fall von Art. 111 OR, so rückt sie in die Nähe der Konventionalstrafe (Art. 160 OR), der ja auch die Funktion eines garantierten Schadenersatzes für allfällige Vertragsverletzungen zukommt[168].

85   Jedenfalls aber ist klar, dass es sich bei der Bausummengarantie im Unterschied zum Kostenvoranschlag nicht um eine blosse Vorstellungsäusserung, sondern um eine *Willenserklärung* des Architekten handelt, die bei einer entsprechenden ausdrücklichen oder stillschweigenden Annahmeerklärung des Bauherrn Bestandteil des Architekturvertrages wird[169]. Ausserdem hat der Architekt den versprochenen Ersatz beim Eintritt des Garantiefalles auch ohne Verschulden zu leisten[170]. Demgegenüber haftet der Architekt für den (zu) ungenauen Voranschlag nur bei gegebenen Verschulden (oder nach Art. 101 OR) (Nr. 188). Anders als bei der Bausummengarantie richtet sich der Anspruch des Bauherrn bei der Überschreitung des Voranschlages (mangels Garantie) nicht auf Ersatz der entsprechenden Mehrkosten, sondern auf Ersatz des Schadens, den er dadurch erleidet, weil er zu Unrecht auf die (relative) Richtigkeit des Voranschlages vertraut und im falschen Vertrauen darauf seine Vermögensdispositionen getroffen hat (Nr. 227 ff.). Die Wertsteigerung, die das das Grundstück infolge der verteuerten Überbauung erfährt, "beseitigt" allerdings im Extremfall den Schaden (Nr. 241 ff.), was sich auf die Leistungspflicht des Architekten auswirkt. Bei der Bausummengarantie dagegen bleibt die Wertsteigerung der überbauten Liegenschaft unberücksichtigt, falls sich aus dem Garantieversprechen nichts anders ergibt.

---

[166] Vgl. Schumacher, Nr. 638.

[167] So aber BGE vom 22.1.1982 i.S. P. gegen M., S. 9.

[168] Guhl/Merz/Druey, S. 554. - Zur Abgrenzung zur Schadenspauschalierung: Bucher, S. 525.

[169] Vgl. Gauch/Schluep, Nr. 4065.

[170] Gauch, Bauleitung, S. 17; Schumacher, Nr. 695.

86 *4.* Aufgrund der **Auslegung** entscheidet sich, ob es sich bei der konkreten Erklärung des Architekten überhaupt um eine Bausummengarantie oder zum Beispiel um eine Zusicherung über die Höchstkosten handelt, die lediglich die Toleranzgrenze ausschliesst (Nr. 77). Auch die blosse Verwendung des Wortes "Kostengarantie" erweist sich noch nicht als sicheres Zeichen dafür, dass tatsächlich eine Bausummengarantie vereinbart wurde[171]. In der Praxis ist der Sprachgebrauch etwas diffus[172]. So kann der Ausdruck nicht nur den Sinn einer Bausummengarantie oder einer Zusicherung über die Höchstkosten haben. Vielfach wird das Wort "Garantie" ebenso zur Abgabe schlichter Haftungszusagen für sorgfältige Erfüllung gebraucht[173]. Darum ergibt die Auslegung möglicherweise, dass der Architekt mit der Erklärung, er "garantiere" für die Einhaltung des Kostenvoranschlages nur die ohnehin bestehende (gesetzliche) Haftungslage bestätigen wollte, weshalb im Überschreitungsfall sogar die Toleranzgrenze spielt (Nr. 189 ff.).

87 *5.* Die **Beweislast** für das Vorliegen einer Bausummengarantie trägt im Streitfall der Bauherr[174].

---

[171] "Die Verwendung des Wortes 'Garantie' ist zwar ein Indiz, aber weder notwendige Voraussetzung noch zwingender Ausdruck eines Garantieversprechens" (Gauch, Bauleitung, S. 17).

[172] Vgl. Gauch/Schluep, Nr. 4066.

[173] Bindhardt/Jagenburg, N 202 zu § 6; Locher, Baurecht, Nr. 274.

[174] Wingenfeld, S. 154; vgl. auch Merz, N 255 zu Art. 8 ZGB.

2. Kapitel
DIE VERTRAGSPFLICHTEN DES ARCHITEKTEN IM ZUSAMMENHANG MIT DEM KOSTENVORANSCHLAG UND DEREN VERLETZUNG

§ 3. Die Pflichten des Architekten

I. Die Erstellungs- und Ablieferungspflicht

1. Der Rechtsgrund

88 Die Verpflichtung des Architekten zur Erstellung und Ablieferung des Kostenvoranschlages entsteht normalerweise durch ausdrückliche **Vereinbarung** mit dem Bauherrn[1].

89 Es kann aber auch vorkommen, dass die Parteien nicht ausdrücklich bestimmen, welche Aufgaben der Architekt im einzelnen zu erfüllen hat. Diesfalls ist mittels Auslegung zu ermitteln, ob durch *stillschweigende Abrede* eine Verpflichtung des Architekten zur Erstellung und Ablieferung des Kostenvoranschlages begründet worden ist[2]. Dabei ist insbesondere zu beachten, dass der Architekt dem Bauherrn für dessen weitere Dispositionen eine einigermassen verlässliche Auskunft über die zu erwartenden Baukosten zu vermitteln hat[3]. Ausserdem ermöglicht nur der Kostenvoranschlag eine wirksame Kostenkontrolle während der Bauausführung[4]. Die Erstellung und Ablieferung des Kostenvoranschlages ist somit für die richtige Erfüllung des Architekturvertrages (in wirtschaftlicher Hinsicht) unabdingbar[5], und es ist nicht anzunehmen, dass der

---

[1] Schumacher, Nr. 386.

[2] Vgl. Jäggi/Gauch, N 333 zu Art. 18 OR.

[3] BGE 28 II 544; Schumacher, Nr. 615.

[4] SIA-Ordnung 102, Art. 4.2.5; CRB, Kostenplanung, S. 37.

[5] So schon Bollag, S. 81.

Bauherr auf eine derartige Leistung verzichtet. Daher ergibt sich eine Verpflichtung des Architekten zur Erstellung und Ablieferung des Kostenvoranschlages regelmässig auch ohne ausdrückliche Vereinbarung der Parteien[6].

90 Schliesslich entsteht die Verpflichtung zur Erstellung und Ablieferung des Kostenvoranschlages vielfach kraft ausdrücklichen oder stillschweigenden Verweises der Parteien[7]: Indem die Parteien hinsichtlich der vom Architekten zu erbringenden Tätigkeiten übereinstimmend auf den vorgeformten *Leistungsbeschrieb der SIA-Ordnung 102* verweisen[8], der vorschreibt, dass ein Kostenvoranschlag zu erstellen und abzuliefern ist[9].

2. Die Erstellungspflicht

A. Der Schuldinhalt: Arbeitsleistung und -erfolg

91 *1.* Ist dem Architekten die Erstellung des Kostenvoranschlages übertragen, so hat er dafür vorab eine **Arbeitsleistung** zu erbringen: das Berechnen der voraussichtlichen Baukosten (Nr. 42 ff.).

92 Übernimmt der Architekt diese Pflicht aufgrund eines blossen Planungsvertrages, der ja unter das *Werkvertragsrecht* (Art. 363 ff. OR) fällt (Nr. 13 ff.), so schuldet er nicht bloss Arbeit, sondern einen Arbeitserfolg[10]: den Kostenvoranschlag. Die Arbeit bildet zwar auch Schuldinhalt. Sie ist jedoch bloss Mittel zum Zweck[11]. Daraus folgt, dass der Architekt verpflichtet ist, solange zu arbeiten, bis der geschuldete Arbeitserfolg entweder eingetreten oder (nachträglich) unmöglich geworden ist[12]. Der Bauherr

---

[6] BGE 28 II 544; vgl. auch Fellmann, N 368 zu Art. 394 OR; Gautschi, N 3a zu Art. 396 OR; Schumacher, Nr. 388.

[7] Schönenberger/Jäggi, N 156 zu Art. 1 OR.

[8] Vgl. Gauch, Architekturvertrag, Nr. 47.

[9] SIA-Ordnung 102, Art. 4.2.5.

[10] Leuenberger, S. 16; Gauch, Werkvertrag, Nr. 16.

[11] Gauch, Werkvertrag, Nr. 17.

[12] Vgl. Gauch, Werkvertrag, Nr. 498 ff.

könnte die Erstellung des Kostenvoranschlages sogar mittels Erfüllungsklage erzwingen[13].

93 2. Betraut der Bauherr den Architekten (aufgrund eines **einfachen Auftrages**; Art. 394 ff. OR) nebst der Planung (samt Ausarbeitung des Kostenvoranschlages) mit der Leitung der Bauarbeiten (Nr. 17 ff.), so hat dieser zwar auf ein bestimmtes Ziel hinzuwirken, indem er "das (objektiv) Möglichste"[14] tun muss, damit die Baute "plangerecht und frei von Mängeln entsteht und vollendet wird"[15]. Doch wird ein Leistungserfolg, namentlich die Baute selbst[16], vom beauftragten Architekten nicht mitgeschuldet[17]. Diese Feststellung ändert aber nichts daran, dass der Auftraggeber auf Erfüllung der vom beauftragten Architekten versprochenen Leistung klagen kann[18], wobei "die Erfüllungspflicht solange besteht, als das Mandat andauert"[19], insbesondere nicht durch Widerruf des Auftraggebers oder Kündigung des Beauftragten (Art. 404 Abs. 1 OR)[20] beendet wird[21].

B. Die Pflicht zur persönlichen Erstellung

94 Sowohl nach Werkvertrags- als auch Auftragsrecht ist der Architekt **grundsätzlich** verpflichtet, die ihm anvertrauten Arbeiten "**persönlich zu besorgen**" (Art. 364 Abs. 2/398 Abs. 3 OR) oder zumindest "unter seiner persön-

---

13 Gauch/Schluep, Nr. 2573; von Tuhr/Escher, S. 87.

14 Fellmann, N 99 zu Art. 394 OR.

15 Jäggi, Architektenvertrag, S. 305, Anm. 13.

16 Gauch, Architekturvertrag, Nr. 37.

17 BGE 115 II 64; BGE 109 II 36, Fellmann, N 102 zu Art. 394 OR; Engel, Contrats, S. 451; Gauch/Schluep, Nr. 90 f.; OR-Weber, N 29 zu Art. 394; Tercier, Partie spéciale, Nr. 2892. - Anders: Derendinger, Nr. 89 f.

18 Derendinger, Nr. 124 f.; Fellmann, N 230 zu Art. 394 OR.

19 Hofstetter, S. 70.

20 Vgl. Fellmann, N 8 zu Art. 404 OR.

21 Derendinger, Nr. 59; Fellmann, N 232 zu Art. 394 OR.

lichen Leitung ausführen zu lassen" (Art. 364 Abs. 2 OR)[22]. Der Architekt ist somit in der Regel nicht befugt, für die Erstellung des Kostenvoranschlages einen wirtschaftlich und technisch selbständigen[23] "Subplaner", beizuziehen[24]. Von dieser Regel gibt es indessen zwei (wichtige) *Ausnahmen*:

95 - Der Beizug des "Subplaners" kann aufgrund ausdrücklicher oder stillschweigender[25] *Zustimmung des Bauherrn* gestattet sein. Die Zustimmung kann auch noch im nachhinein erteilt werden[26].

96 - Ausserdem ist der Architekt nach Art. 398 Abs. 3 OR zur Weitervergabe der übernommenen Arbeiten berechtigt, sofern er dazu *"durch die Umstände genötigt ist"*. Diesfalls ist der Architekt nicht bloss berechtigt, sondern sogar verpflichtet, einen "Subplaner" einzusetzen[27], der für ihn die geschuldeten Arbeiten verrichtet. Das gleiche gilt, wenn der Architekt als Partei eines Werkvertrages handelt[28]. Denn die auch im Werkvertragsrecht geltende Sorgfaltspflicht (Art. 364 Abs. 1 OR) gibietet es dem Architekten, alles in seiner Macht Stehende vorzukehren, damit sein Vertragspartner nicht geschädigt wird[29]. Eine derartige Schädigung wäre aber möglich, falls der Architekt, der an der Vornahme einer unumgänglichen Verrichtung verhindert ist, nicht sofort einen (fachkundigen) "Ersatzmann" einschaltet. Der Architekt ist selbstver-

---

[22] Die Regel gilt auch im Auftragsrecht (Becker, N 2 zu Art. 68 OR; Fellmann, N 529 zu Art. 398 OR; Derendinger, Nr. 107; Oser/Schönenberger, N 7 zu Art. 398 OR; von Tuhr/Escher, S. 24; Weber, Praxis, S. 77).

[23] Fellmann, N 541 zu Art. 398 OR; Koller, Nr. 410; Tercier, Partie spéciale, Nr. 2962.

[24] Auch gemäss Art. 1.4.5 der SIA-Ordnung 102 besteht keine generelle Ermächtigung, einen "Subplaner" beizuziehen (Hess, S. 86).

[25] Fellmann, N 576 zu Art. 398 OR; Gauch, Werkvertrag, Nr. 437; Gautschi, N 41c zu Art. 398 OR; Oser/Schönenberger, N 8 zu Art. 398 OR.

[26] Fellmann, N 575 zu Art. 398 OR; Gauch, Werkvertrag, Nr. 437; Gautschi, N 41b zu Art. 398 OR.

[27] Vgl. BGE 67 II 22 f.; Gautschi, N 43a zu Art. 398 OR.

[28] Anders: Gautschi, N 15b zu Art. 364 OR.

[29] Vgl. Gauch, Werkvertrag, Nr. 574.

ständlich nur in echten Notsituationen zum eigenmächtigen Beizug eines "Subplaners" befugt. Solange die Einholung der entsprechenden Zustimmung des Bauherrn möglich ist, liegt keine derartige Notsituation vor[30].

C. Die Pflicht zur weisungsgemässen Erstellung

97 *1.* Der Architekt hat sowohl nach Auftrags- als auch nach Werkvertragsrecht die **Weisungen**[31] **zu befolgen**, die ihm der Bauherr (einseitig) "für die Besorgung des übertragenen Geschäfts gegeben" hat (Art. 397[32]/369 OR[33]).

98 Bei der Erstellung des Kostenvoranschlages muss der Architekt vorab diejenigen *Weisungen beachten*, die der *Bauherr von sich aus* erteilt hat[34]. Derartige Weisungen können namentlich die vom Voranschlag zu erfassenden Leistungen und Kosten (Nr. 35 ff.) oder dessen "Aufbau"[35] betreffen.

99 Fehlen Weisungen und sind die Leistungen und Kosten, worauf sich der Voranschlag beziehen soll, nicht von Anfang an klar, so hat der Architekt beim Bauherrn die erforderlichen *Weisungen einzuholen*, soweit der Bauherr sie überhaupt erteilen kann[36].

100 2. Erkennt der Architekt schon bei der Erstellung des Kostenvoranschlages, dass eine Weisung des Bauherrn (z.B. hinsichtlich der Art der Bauausführung[37]) unzweckmässig ist, so hat er den Bauherrn abzumah-

---

30 Vgl. Gautschi, N 15b zu Art. 364 OR.

31 Weisungen werden häufig auch als "Ausführungsvorschriften" (Gautschi, N 1a zu Art. 397 OR) oder "Anordnungen" (Gauch, Werkvertrag, Nr. 1366) bezeichnet.

32 Fellmann, N 101 zu Art. 398 OR; Gautschi, N 2 zu Art. 397 OR; Hofstetter, S. 78; OR-Weber, N 5 zu Art. 397.

33 Gauch, Werkvertrag, Nr. 1366

34 Schumacher, Nr. 393.

35 Beispiel: "Aufbau des Kostenvoranschlages nach Untergruppen und Gattungen des BKP gegliedert" (SIA-Ordnung 102, Art. 4.2.5).

36 Schumacher, Nr. 396.

37 Werner/Pastor, Nr. 1547.

nen[38]. Die **Abmahnung**, die an keine besondere Form gebunden ist[39], soll den Bauherrn nicht bloss über die Risiken seiner Anordnung aufklären[40], sondern auch bewirken, dass die unzweckmässige Weisung widerrufen oder abgeändert wird[41]. Beharrt der Bauherr trotzdem auf seiner Weisung und erweist sich ihre Befolgung nachher für ihn als nachteilig, so hat der (uneinsichtige) Bauherr den sich daraus ergebenden Schaden selbst zu tragen[42].

D. Die Pflicht zur fachmännischen Erstellung

101 Die Ansprüche des Bauherrn erschöpfen sich nicht bloss in der (persönlichen und weisungsgemässen) Erstellung des Kostenvoranschlages. Vielmehr hat die Arbeit auch eine **bestimmte Eigenschaft**[43] aufzuweisen: Sie sollte (wie alle anderen Tätigkeiten des Architekten) fachmännisch (lege artis) verrichtet werden[44]. Oder anders formuliert: Der Architekt hat den Kostenvoranschlag "unter Beachtung des allgemein bekannten Wissensstandes seines Fachgebietes"[45] anzufertigen.

---

38 BGE 108 II 198; Abravanel, Devoirs, Nr. 309; Derendinger, Nr. 119; Fellmann, N 105 ff. zu Art. 397 OR; Gauch, Werkvertrag, Nr. 1372 ff.; Gautschi, N 18b zu Art. 398 OR; OR-Weber, N 8 zu Art. 397; Schumacher, Nr. 393; so auch SIA-Ordnung 102, Art. 1.4.4.

39 Gauch, Werkvertrag, Nr. 1379; Hess, S. 85; Schumacher, Nr. 393. - Immerhin muss die Abmahnung "bestimmt, deutlich und klar" sein (Gauch, Werkvertrag, Nr. 1379; Schumacher, Nr. 393).

40 Fellmann, N 105 zu Art. 398 OR; Schumacher, Nr. 394.

41 Derendinger, Nr. 119; Fellmann, N 106 zu Art. 394 OR; Gauch, Werkvertrag, Nr. 1372; Gautschi, N 18b zu Art. 397 OR.

42 Derendinger, Nr. 121; Fellmann, N 115 zu Art. 398 OR; Gauch, Werkvertrag, Nr. 1371; Hess, S. 85; OR-Weber, N 10 zu Art. 397; Schumacher, Nr. 394; so auch SIA-Ordnung 102, Art. 1.4.4.

43 Vgl. Gauch, Werkvertrag, Nr. 916.

44 Gauch/Schluep, Nr. 2766; Gautschi, N 24d zu Art. 365 OR, S. 207; Schumacher, Nr. 402.

45 SIA-Ordnung 102, Art. 1.4.1.

102   Diese Pflicht ist *Ausfluss der Sorgfaltspflicht*, die den Architekten nach Art. 364 Abs. 1 OR (für das Werkvertragsrecht[46]) und Art. 398 Abs. 1 und 2 OR (für das Auftragsrecht[47]) trifft.

103   Auf die Pflicht zur fachmännischen Erstellung des Kostenvoranschlages und namentlich deren Verletzung wird im Zusammenhang mit der Haftung des Architekten für Kostenüberschreitungen, die im nächsten Kapitel erörtert wird, im einzelnen eingegangen (Nr. 180 ff.).

3. Die Ablieferungspflicht

A. Im allgemeinen

104   1. Der Architekt ist nicht bloss verpflichtet, den Kostenvoranschlag zu erstellen, sondern er hat ihn dem Bauherrn auch abzuliefern[48]. Diese Pflicht ist (ebenso wie die Erstellungspflicht) eine **Hauptleistungspflicht**. Deren Erfüllung könnte der Bauherr sogar mittels Klage durchsetzen[49].

105   2. Welche **Gegenstände** der Architekt im einzelnen zu übergeben hat, bestimmt sich aufgrund des konkreten Architekturvertrages. In den weitaus meisten Fällen ist es das Schriftstück, das den Kostenvoranschlag enthält[50], ausnahmsweise ein entsprechender Datenträger. Die Pflicht zur Ablieferung eines Schriftstückes besteht auch dann, wenn die Parteien den zu überreichenden Gegenstand vertraglich nicht festgelegt haben und insoweit eine Vertragslücke vorliegt[51]. Denn bei der Ausfüllung dieser Vertragslücke hat sich der Richter vor allem am "Üblichen" (der einschlä-

---

[46]   Gauch, Werkvertrag, Nr. 574 ff.; Gautschi, N 5a zu Art. 364 OR.

[47]   Abravanel, Devoirs, Nr. 326; Derendinger, Nr. 292; Fellmann, N 369 zu Art. 398 OR; OR-Weber, N 27 zu Art. 398; Tercier, Partie spéciale, Nr. 2979.

[48]   SIA-Ordnung 102, Art. 4.2.5; Abravanel, Devoirs, Nr. 321.

[49]   Kramer/Schmidlin, Allgemeine Einleitung, N 91.

[50]   Neben den Kostenangaben enthält das Schriftstück regelmässig noch eine detaillierte "Beschreibung der vorgesehenen Arbeiten und Lieferungen" (SIA-Ordnung 102, Art. 4.2.5).

[51]   Vgl. BGE 115 II 487; Gauch/Schluep, Nr. 1248.

gigen Verkehrsübung) zu orientieren[52]. Und das "Übliche" ist - immer noch - die Abgabe eines Schriftstückes (Nr. 26).

106 Fehlt es an einer einschlägigen Abrede oder Weisung des Bauherrn, so steht es dem Architekten frei, ob er einen in Schriftform abzuliefernden Kostenvoranschlag mit Hilfe der elektronischen Datenverarbeitung erstellen will oder nicht. Wird aber der Voranschlag auf einen *elektronischen Datenträger* aufgezeichnet, so ist der Architekt nach wohl herrschender Auffassung verpflichtet, seinem Vertragspartner auf dessen Verlangen mindestens eine Kopie des Datenträgers zu übergeben[53].

107 3. Der Ablieferungspflicht vermag sich der Architekt auch dann nicht zu entziehen, wenn **Art. 1.10 der SIA-Ordnung 102** Vertragsbestandteil bildet. Zwar sollen diesfalls die "Originalarbeitsunterlagen" wie etwa Originalpläne, Skizzen und Berechnungen Eigentum des Architekten bleiben, weshalb der Architekt dem Bauherrn nicht das Original des Schriftstückes übergeben muss[54]. Er hat jedoch mindestens Kopien davon anzufertigen und dem Bauherrn abzuliefern.

108 Im weiteren sieht diese Bestimmung vor, dass der Bauherr "dem Architekten die entsprechenden *Auslagen* (für die Kopien) *zu ersetzen*" habe (SIA-Ordnung 102, Art. 1.10.2). Das hält meines Erachtens vor der Ungewöhnlichkeitsregel (Nr. 346) nicht stand: Es ist schon eher unüblich, dass jemand, der mit der Anfertigung bestimmter Gegenstände (z.B. von Plänen und Voranschlägen) vertraglich betraut wurde, diese behalten darf. Ungewöhnlich ist aber auf jeden Fall, dass der Bauherr dem Architekten noch die Kopien zusätzlich entgelten soll, die anstelle der Originale abgeliefert werden[55].

---

52 Gauch/Schluep, Nr. 1258.
53 Fellmann, N 136 zu Art. 400 OR; Hofstetter, S. 93; OR-Weber, N 12 zu Art. 400.
54 Hess, S. 123.
55 Derendinger, Anm. 180 zu Nr. 145, stellt sich auf den Standpunkt, dass der Bauherr die Bezahlung der (anstelle des Originals) abgelieferten Kopien verweigern könne, weil der Architekt sonst ungerechtfertigt bereichert wäre. Ich teile diese Ansicht nicht, da hier gar kein Fall von Art. 62 OR vorliegt.

B. Die Pflicht zur rechtzeitigen Ablieferung im besonderen

109   *1.* Der Architekt hat den Kostenvoranschlag innert einer bestimmten Frist abzuliefern. Der diese Frist begrenzende **Ablieferungstermin**, mit dem die Übergabe des Kostenvoranschlages "fällig" (Art. 102 Abs. 1 OR) wird[56], bestimmt sich vielfach durch entsprechende Parteivereinbarung. Von dem so festgesetzten Ablieferungstermin darf der Architekt nur mit Zustimmung des Bauherrn abrücken[57].

110   *2.* Sofern die Parteien den Ablieferungstermin nicht durch Vereinbarung festgelegt haben, richtet er sich nach der **"Natur des Rechtsverhältnisses"** (Art. 75 OR)[58]. Alsdann ist dem Architekten für die Ablieferung des Kostenvoranschlages so viel Zeit einzuräumen, wie "ein versierter Fachmann bei rechtzeitigem Beginn[59]" für dessen Aufstellung in "zügiger Arbeit"[60] benötigt. Auf jeden Fall aber hat der Architekt seinen Kostenvoranschlag noch vor einer allfälligen Submission vorzulegen[61], da er dem Bauherrn eine verlässliche Übersicht über die auf ihn zukommenden Baukosten zu verschaffen hat, bevor sich dieser mit Werkverträgen bindet.

---

[56]   Vgl. Gauch, Werkvertrag, Nr. 461.

[57]   Vgl. Gauch, Werkvertrag, Nr. 461. - Das gleiche gilt selbstverständlich auch für den Bauherrn.

[58]   Insoweit liegt eine Vertragslücke vor, die gemäss dem hypothetischen Willen der Vertragsparteien auszufüllen ist (Gauch, Werkvertrag, Nr. 462).

[59]   Grundsätzlich hat der Architekt mit der Erstellung des Kostenvoranschlages sofort zu beginnen, sobald der entsprechende Auftrag des Bauherrn, die hierfür erforderlichen planerischen Grundlagen (die Detailstudien) und die Anordnungen des Bauherrn hinsichtlich der vorzusehenden Ausführungsqualität vorliegen (vgl. Gauch, Werkvertrag, Nr. 481).

[60]   Gauch, Werkvertrag, Nr. 462.

[61]   SIA-Ordnung 102, Art. 4.2.5.

II. Die Prüfungspflichten

111 Der Architekt hat nicht bloss die Arbeiten der Bauunternehmer[62] oder deren Rechnungen[63] zu kontrollieren. Vielmehr folgt aus der ihm obliegenden **Pflicht zur "umfassenden Interessenwahrnehmung"**[64], dass er sämtliche Angaben und Weisungen zu überprüfen hat, die im Hinblick auf die richtige und kostengerechte Erstellung der Baute bedeutsam sind[65]. Hervorzuheben ist vor allem:

112 - Gibt der Bauherr seine (nicht sachverständigen) Vorstellungen über den Baugrund kund, so darf der Architekt - als baukundige Vertragspartei - nicht unbesehen auf die *Aussagen des Bauherrn* abstellen. Vielmehr hat er selbst entsprechende Abklärungen zu treffen[66] und allenfalls den Beizug eines Geologen zu empfehlen[67].

113 - Die Prüfungspflicht besteht grundsätzlich auch bezüglich der (sachverständigen) *Angaben der vom Bauherrn beigezogenen Spezialisten* über kostenbildende Faktoren (z.B. über den Baugrund), worauf sich der Architekt bei der Erstellung seines Voranschlages abstützt. Gleich verhält es hinsichtlich der Kostenvorhersagen der Spezialisten (z.B. über die mutmasslichen Kosten der Baugrube), die der Architekt nachher in seinen Voranschlag übernimmt (Nr. 68). Es kann vom Architekten verlangt werden, dass er diese Angaben zumindest auf Fehler hin überprüft, die mit dem von einem durchschnittlichen Architekten zu erwartenden Sachverstand erkennbar sind[68]. An diesen Sachverstand dürfen selbstverständlich nicht gleiche Anforderungen gestellt werden wie an den

---

[62] Vgl. SIA-Ordnung 102, Art. 4.4.4; SIA-Norm 118, Art. 158 Abs. 2.

[63] Vgl. SIA-Ordnung 102, Art. 4.4.4; SIA-Norm 118, Art. 154 Abs. 2.

[64] Honsell, S. 235.

[65] Vgl. auch LGVE 1976, Nr. 299, S. 366.

[66] Gautschi, N 24d zu Art. 364 OR.

[67] Pra 74, 1985, Nr. 179, S. 521 f.; Schumacher, Nr. 402.

[68] Bindhardt/Jagenburg, N 22 zu § 6; Derendinger, Nr. 297 und 310; Gauch, Werkvertrag, Nr. 1461; Schaub, S. 148 f. und 202 f. ; vgl. auch BGE vom 3.2.1984, in: Rep. 118, 1985, S. 26 f. (= BR 1986, S. 13, Nr. 1).

(besonderen) des Spezialisten (z.B. des Geologen oder Bauingenieurs)[69]. Erkennt der Architekt bei seiner Prüfung einen Fehler des Spezialisten, weil er zum Beispiel offensichtlich ist[70], so hat er den Bauherrn zu benachrichtigen (Nr. 119).

III. Die Informations- und Beratungspflichten

114   Den Architekten treffen bei der Erstellung und Ablieferung des Kostenvoranschlages und während der Bauausführung **mannigfache Informations- und Beratungspflichten**[71], deren Umfang sich aus den konkreten Umständen ergibt und nicht zum vornherein feststehend ist[72]. Zum Beispiel:

115   - Vor der Erstellung des Voranschlages hat der Architekt den Bauherrn bezüglich der *Wahl der Materialien* und der Baumethode zu beraten, wobei er auch den wirtschaftlichen Aspekt im Auge behalten muss[73]. Durch diese Information soll der Bauherr in die Lage versetzt werden, die ihm notwendig erscheinenden Weisungen (z.B. über die im Voranschlag vorzusehenden Materialien) selbst erteilen zu können[74].

116   - Der Architekt hat den Bauherrn über die *mögliche Ungenauigkeit* des Kostenvoranschlages zu informieren (Nr. 206 ff.).

117   - Der Architekt hat den Bauherrn über die *Konsequenzen von Sonder- und Änderungswünschen* aufzuklären, die dieser nachträglich äussert (Nr. 286 ff.).

---

69   Reber, S. 145; Schaub, S. 203; Werner/Pastor, Nr. 2154.
70   Vgl. dazu Schaub, S. 198, Anm. 425.
71   BGE 111 II 75; Abravanel, Devoirs, Nr. 308; Schumacher, Nr. 411; Werner/Pastor, Nr. 1546.
72   So ist z.B. ein "Bauprofi" (wie etwa ein Generalunternehmer) erheblich weniger auf die Beratungen des Architekten angewiesen als ein Baulaie (Schumacher, Nr. 412).
73   Bindhardt/Jagenburg, N 210 zu § 6.
74   Schumacher, Nr. 396.

118 - Der Architekt hat den Bauherrn auf dessen Verlangen hin jederzeit über den *Stand seiner eigenen Tätigkeit*, aber auch der Bauarbeiten (und deren Kosten) zu informieren[75]. Diese Rechenschaftsablage ermöglicht dem Bauherrn insbesondere die Kontrolle darüber, ob der Architekt seine Verpflichtungen vertrags- und weisungsgemäss erfüllt[76], und ob das Bauvorhaben richtig abgewickelt wird.

119 - Der Architekt hat den Bauherrn unaufgefordert über alle Umstände zu benachrichtigen, *welche die Erreichung des Vertragszweckes*, vor allem aber die richtige und kostengerechte Bauausführung, *gefährden könnten*[77].

IV. Weitere Pflichten während der Bauausführung

120 Neben den schon erwähnten Informations- und Beratungspflichten trifft den Architekten während der Bauausführung (und der Submission) vor allem die Pflicht, die **Kostenentwicklung dauernd zu überwachen** und dem Bauherrn eine sich abzeichnende Abweichung gegenüber dem Voranschlag unaufgefordert anzuzeigen (im einzelnen: Nr. 279 ff.). Darüber hinaus hat sich der Architekt selbst an das dem Voranschlag zugrundeliegende Bauprojekt (und Leistungsprogramm) zu halten und **eigenmächtige Projektabweichungen zu unterlassen** (im einzelnen: Nr. 165 ff.).

---

[75] Abravanel, Devoirs Nr. 308; Werner/Pastor, Nr. 1549.

[76] BGE 110 II 182; Derendinger, Nr. 127; Fellmann, N 14 zu Art. 400 OR; Hofstetter, S. 88; Weber, Praxis, S. 91.

[77] Derendinger, Nr. 131; Fellmann, N 23 zu Art. 400 OR; OR-Weber, N 5 zu Art. 400; Werner/Pastor, Nr. 1549.

§ 4. Erscheinungsformen der Vertragsverletzung

I. Nachträgliche Leistungsunmöglichkeit

121 *1.* Nach Vertragsabschluss können der Erfüllung der übernommenen Leistung derartige **Hindernisse tatsächlicher oder rechtlicher Art**[1] entgegenstehen, dass die Leistung von jedem beliebigen Schuldner und damit objektiv nicht mehr erbracht werden kann[2].

122 Alsdann liegt ein Fall der nachträglichen Leistungsunmöglichkeit vor[3]. Entsteht dem Bauherrn daraus ein Schaden, so ist der Architekt zu dessen Ersatz verpflichtet, "sofern er nicht beweist, dass ihm keinerlei Verschulden (an der nachträglichen Leistungsunmöglichkeit) zur Last falle" (Art. 97 Abs. 1 OR)[4].

123 *2.* Der Kostenvoranschlag des Architekten ist "**eine Art absoluter Fixleistung**", die nur während einer bestimmten Frist erfüllt werden kann[5]: Ein Kostenvoranschlag ist nur solange möglich, als die Kosten, die darin vorhergesagt werden sollen, nicht feststehen (Nr. 28). Und feststehend sind die Baukosten regelmässig nach der Fertigstellung der Baute. Übergibt der Architekt dem Bauherrn dann eine Zusammenstellung der (feststehenden) Kosten, liefert er keinen Kostenvoranschlag mehr ab, sondern die Schlussabrechnung[6], also etwas anderes als die ursprünglich vereinbarte Leistung[7].

124 Das führt dazu, dass auf diesen Fall die Regeln über den Schuldnerverzug nicht mehr zur Anwendung gelangen, sondern

---

[1] Gauch/Schluep, Nr. 3131.

[2] Gauch/Schluep, Nr. 3128; Guhl/Merz/Koller, S. 39; von Tuhr/Escher, S. 94

[3] Gauch/Schluep, Nr. 2602.

[4] Das Erfordernis des Verschuldens entfällt, sobald die Voraussetzungen der Hilfspersonenhaftung (Art. 101 OR) erfüllt sind (vgl. Nr. 311 f.).

[5] Wingenfeld, S. 110; vgl. auch Larenz, Schuldrecht I, S. 306.

[6] Vgl. SIA-Ordnung 102, Art. 4.5.1.

[7] Vgl. Gauch/Schluep, Nr. 3178.

ausschliesslich *Art. 97, allenfalls Art. 119 OR*[8]. Bei gegebener Verantwortlichkeit hat der Architekt alsdann den Schaden zu ersetzen, der dem Bauherrn wegen der verpassten Vorlage des Voranschlages erwächst. Geschädigt kann der Bauherr besonders dadurch sein, dass er im (falschen) Vertrauen auf die Richtigkeit einer Kostenschätzung Vermögensdispositionen getroffen hat, die er nie getätigt hätte, falls eine verlässlichere Auskunft über die Baukosten in der Form des Voranschlages vorgelegen wäre (vgl. Nr. 227 ff.).

II. Schuldnerverzug

125 Von der nachträglichen Unmöglichkeit ist der Fall zu unterscheiden, da sich der Architekt mit der geschuldeten Leistung verspätet. Die **Säumnis** kann daher rühren, dass der Architekt die versprochene Leistung trotz Eintritt der Fälligkeit (Art. 102 Abs. 1 OR) nicht erbringt, indem er zum Beispiel den festgelegten Ablieferungstermin für den Voranschlag missachtet (Nr. 109). Eine (pflichtwidrige[9]) Verspätung kann sich - zumindest nach Werkvertragsrecht - aber schon vor dem Eintritt des Fälligkeitstermines einstellen, und zwar dann, wenn die Voraussetzungen des Art. 366 Abs. 1 OR erfüllt sind[10]. In beiden Fällen gerät der Architekt "nach Massgabe von Art. 102 OR"[11] in Schuldnerverzug[12]. Alsdann bestimmt sich die Rechtslage nach den allgemeinen Art. 103 - 109 OR.

126 Da dem Schuldnerverzug im Zusammenhang mit dem Voranschlag des Architekten kaum je praktische Bedeutung zukommt, verzichte ich auf weitergehende Ausführungen zu diesem Thema und verweise auf die Lehre und Rechtsprechung[13].

---

[8] Larenz, Schuldrecht I, S. 306; Fellmann, N 199 zu Art. 398 OR; von Tuhr/Escher, S. 96; Wingenfeld, S. 110. - Anders wohl: Gauch/Schluep, Nr. 3155.

[9] Gauch/Schluep, Nr. 2952.

[10] Gauch, Werkvertrag, Nr. 478 ff. - Fellmann, N 278 zu Art. 398 OR, wendet die Bestimmung von Art. 366 Abs. 1 OR mit Recht auch analog auf den Auftrag an.

[11] Schumacher, Nr. 438.

[12] Vgl. Gauch, Werkvertrag, Nr. 466 ff, insbesondere Nr. 482.

[13] Vgl. statt vieler Gauch/Schluep, Nr. 2916 ff.

III. Schlechterfüllung

127 Als Schlechterfüllung ist jede Vertragsverletzung zu behandeln, die sich weder als Unmöglichkeits- noch als Verzugsfall darstellt[14]. Dieser Tatbestand wird häufig auch als "**positive Vertragsverletzung**" bezeichnet[15].

128 Die Schlechterfüllung ist der weitaus *häufigste Fall der Vertragsverletzung* und erfasst sämtliche Haftungsfälle, die gewöhnlich im Zusammenhang mit der Kostenüberschreitung behandelt werden (Nr. 132). Auf diese Fälle will ich nun im einzelnen eingehen.

---

[14] Gauch/Schluep, Nr. 2608; Larenz, Schuldrecht I, S. 363 f.; Guhl/Merz/Koller, S. 222; von Tuhr/Escher, S. 106 f.

[15] Gauch/Schluep, Nr. 2608; Guhl/Merz/Koller, S. 226; Schumacher, Nr. 439; vgl. neuerdings dazu auch Koller Alfred, Grundzüge der Haftung für positve Vertragsverletzungen, in: AJP 1992, S. 1483 ff.

3. Kapitel
KOSTENÜBERSCHREITUNG UND SCHADENERSATZHAFTUNG DES ARCHITEKTEN

§ 5. Die Kostenüberschreitung und ihre möglichen Ursachen - Übersicht

129 *1.* Während oder nach der Bauausführung, in vereinzelten Fällen schon bei der Submission, kann sich herausstellen, dass die im Voranschlag des Architekten vorhergesagte Bausumme nicht eingehalten, sondern überschritten wird. Für diese "alte Plage"[1], häufig einfach **"Kostenüberschreitung"**[2] oder **"Bausummenüberschreitung"**[3] genannt, werden verschiedene mögliche Gründe angeführt. Als typisch gelten:

130 - *Sonder- oder Änderungswünsche des Bauherrn*[4];

- *ausserordentliche Umstände*, die einen Anspruch des Bauunternehmers auf Preiserhöhung begründen (Art. 373 Abs. 2 OR)[5];

- *Vertragsverletzungen des Architekten*, wozu die Praxis nicht bloss die Vorlage eines (zu) ungenauen Voranschlages zählt, sondern ebenso die (vertragswidrige) Verursachung zusätzlicher Baukosten[6] sowie die

---

1 Schumacher, Nr. 602.

2 So z.B. Schumacher, Nr. 602.

3 So z.B. Gauch, Bauleitung, S. 13.

4 Vgl. z.B. EGV 1985, Nr. 34, S. 103 f. (= BR 1987, S. 15 f., Nr. 5); GVP 1985, Nr. 44, S. 102 (= BR 1986, S. 61 f., Nr. 84); PKG 1976, Nr. 10, S. 56 (= BR 1979, S. 10, Nr. 3).

5 Pott/Frieling, Nr. 495; Schaub, S. 178 ff.; Werner/Pastor, Nr. 1562.

6 Vgl. Schumacher, Nr. 606.

unterlassene Aufklärung bei kostenteuernden Sonder- und Änderungswünschen des Bauherrn[7].

131   2. Der Kostenvoranschlag des Architekten hat weder die Kosten nachträglicher **Sonder- und Änderungswünsche des Bauherrn** noch allfällige **Mehrvergütungen** zum Gegenstand, die der Bauherr einem Unternehmer nach **Art. 373 Abs. 2 OR** schuldet (Nr. 41). Darum ist der Kostenvoranschlag des Architekten bei Verteuerungen, die sich aus solchen Wünschen oder ausserordentlichen Umständen (Art. 373 Abs. 2 OR) ergeben, an sich eingehalten. Schon deshalb entfällt in diesen Fällen eine Haftung des Architekten[8].

132   3. Einzustehen hat aber der Architekt für die (vertragswidrige) Verursachung zusätzlicher Baukosten (Nr. 149 ff.), den (zu) ungenauen Voranschlag (Nr. 180 ff.) sowie die unterlassene Aufklärung bei kostenteuernden Sonder- und Änderungswünschen des Bauherrn (Nr. 286 ff.). Dieses Einstehenmüssen wird vielfach unter dem Sammelbegriff "**Haftung für die Überschreitung des Kostenvoranschlages**"[9] oder "Haftung für Kostenüberschreitungen"[10] zusammengefasst. Doch ist zu beachten:

133   Verursacht der Architekt selbst (vertragswidrig) zusätzliche Baukosten, so resultiert daraus zwar häufig eine Überschreitung des Voranschlages, weil der Architekt bei dessen Aufstellung kaum mit einem eigenen Fehlverhalten rechnet. Die zusätzlichen Baukosten haben jedoch ihren Grund nicht in einer unrichtigen Kostenvorhersage, sondern in anderen Vertragsverletzungen wie Planungs- oder Bauleitungsfehlern (Nr. 152 ff.). Deshalb geht es bei diesem Haftungsfall auch nicht um eine Haftung des Architekten für seinen Kostenvoranschlag[11]. Gleich verhält es sich mit Bezug auf die Haftung für unterlassene Aufklärung bei kostenteuernden Sonder- und Änderungswünschen des Bauherrn, die im Grunde genommen eine Haftung für unterlassen Beratung ist (Nr. 288). Demzufolge kann

---

7   Vgl. Schumacher, Nr. 627.
8   Gauch, Überschreitung, S. 82.
9   Vgl. z.B. Schaumann, S. 36 ff; Max. 1961, S. 27.
10 Vgl. z.B. Schumacher, Nr. 602
11 Gauch, Überschreitung, S. 79.

eigentlich nur dann von einer Haftung für die Überschreitung des Kostenvoranschlages gesprochen werden, wenn der Architekt ersatzpflichtig wird, weil der Voranschlag selbst "zu tief (also *ungenau*) ist"[12] und deshalb nachher überschritten wird.

134 *4.* Die vorher erwähnten Haftungsfälle sind - was manchmal übersehen wird[13] - auch **rechtlich völlig verschieden** und dürfen "nicht in den gleichen Topf geworfen" werden. Wie noch aufzuzeigen ist, unterscheiden sie sich nicht bloss bezüglich der Vertragsverletzung des Architekten. Auch die Bestimmung des zu ersetzenden Schadens erfolgt in jedem Haftungsfall anders.

---

[12] Gauch, Überschreitung, S. 81.

[13] Vgl. z.B. EGV 1985, Nr. 34, S. 102 ff. (= BR 1987, S. 15, Nr. 4); PKG 1976, Nr. 10, S. 53 ff. (= BR 1979, S. 10, Nr. 3); Schumacher, Nr. 614 ff.

§ 6. Die Grundlagen der Schadenersatzhaftung

I. Im allgemeinen

135   *1.* Die Haftungsfälle, die gewöhnlich im Zusammenhang mit der Kostenüberschreitung behandelt werden (Nr. 132), sind ausnahmslos Tatbestände der Schlechterfüllung (Nr. 128). Bei der Schlechterfüllung leitet die herrschende Praxis und Lehre die **Schadenersatzpflicht** des sich vertragswidrig verhaltenden Schuldners **aus Art. 97 OR Abs. 1 OR** ab[1], obschon das an sich den Wortlaut dieser Bestimmung sprengt[2] (zur Hilfspersonenhaftung: Nr. 311 f.).

136   Wie gesagt, ist der Gesamtvertrag (Nr. 17 ff.) (wie auch der blosse Bauleitungsvertrag; Nr. 16) ein einfacher Auftrag (Art. 394 ff. OR). Bei der Schlechterfüllung des einfachen Auftrages wird nun die allgemeine Bestimmung von Art. 97 Abs. 1 OR *ergänzt*[3] *durch Art. 398 OR*[4] *und allenfalls Art. 397 OR*[5] (für Weisungswidrigkeiten).

137   2. Beschränkt sich die Vertragsleistung des Architekten auf die Ausarbeitung von Plänen und/oder die Erstellung eines Kostenvoranschlages, so beurteilt sich die Haftungssituation nach

---

1   Vgl. statt vieler: Gauch/Schluep, Nr. 2606 mit Verweisen. - Anders: Gabriel, Die Widerrechtlichkeit in Art. 41 Abs. 1 OR unter Berücksichtigung des Ersatzes reiner Vermögensschäden, Diss. Freiburg 1987, Nr. 778 und 886 ff. Nach seiner Auffassung sei der Fall der Schlechtleistung ausschliesslich nach Deliktsrecht zu beurteilen, da jede unbefugte Schadenszufügung "widerrechtlich" im Sinne von Art. 41 Abs. 1 OR sei (vgl. auch Jäggi, Schadenersatzforderung, S. 193).

2   "Passend ausgelegt und fortgebildet ist Art. 97 Abs. 1 OR etwa wie folgt zu verstehen: 'Kann die Erfüllung der Verbindlichkeit überhaupt nicht oder nicht gehörig bewirkt werden (Leistungsunmöglichkeit), oder ist sie in anderer Weise nicht vertragskonform bewirkt worden, so hat der Schuldner für den daraus entstandenen Schaden Ersatz zu leisten ...'" (Gauch/Schluep, Nr. 2612).

3   Tercier, Partie spéciale, Nr. 46; vgl. auch Engel, Contrats, S. 453; Fellmann, N 330 f. zu Art. 398 OR.

4   Fellmann, N 330 f. zu Art. 398 OR; OR-Weber, N 18 ff. zu Art. 398.

5   Derendinger, Nr. 239; Fellmann, N 148 zu Art. 397 OR; OR-Weber, N 21 zu Art. 398.

Werkvertragsrecht (Nr. 43 f.). Alsdann ist die ungenügende Genauigkeit des Voranschlages ein Werkmangel und der (Vertrauens-)Schaden (Nr. 227 ff.), der sich für den Bauherrn daraus ergibt, ein **nach Art. 368 OR ersatzpflichtiger Mangelfolgeschaden**[6]. Das gleiche müsste gelten, wenn man (was abzulehnen ist) den Gesamtvertrag des Architekten als gemischten Vertrag auffassen und auch hier die Haftung für den mangelhaften (weil zu ungenauen) Voranschlag dem Werkvertragsrecht unterwerfen wollte[7].

138 Im Werkvertragsrecht "verdrängen" die besonderen Regeln über die Mängelhaftung (Art. 367 - 371 OR) die Haftungsnorm des Art. 97 Abs. 1 OR[8]. Auch der Anspruch auf Ersatz des hier einschlägigen Mangelfolgeschadens stützt sich grundsätzlich nicht auf den allgemeinen Art. 97 Abs. 1 OR, sondern auf die spezielle Regel des *Art. 368 OR*[9]. Die Schadenersatzordnung des Art. 368 OR ist indessen nicht abschliessend. Was die Vertragsverletzung anbelangt, so wird sie *ergänzt durch Art. 364 Abs. 1 OR*[10], der schon vom Wortlaut her (dem auftragsrechtlichen) Art. 398 Abs. 1 OR entspricht[11]; *im übrigen durch die allgemeinen Regeln* über die vertragliche Schadenersatzpflicht, namentlich Art. 97 Abs. 1 OR (bezüglich Verschulden)[12].

139 Sieht man einmal ab von den besonderen Bestimmungen des Werkvertragsrechts über die Prüfungs- und Rügeobliegenheiten (Art. 367/370 OR; Nr. 314 ff.) sowie die Verjährung (Art. 371 OR; Nr. 323 f.), so ergeben sich *keine Unterschiede* zwischen der Haftung für Mangelfolgeschäden (Art. 368 OR) und der Schadenersatzhaftung des beauftragten Architekten (Art. 398/97 Abs. 1 OR). Darum kann im folgenden auf eine Unterscheidung zwischen der Schadenersatzhaftung nach Werkvertragsrecht und derjenigen nach Auftragsrecht verzichtet wer-

---

[6] Gauch, Überschreitung, S. 86.

[7] Gauch, Überschreitung, S. 86.

[8] BGE 100 II 32 f.; Gauch, Werkvertrag, Nr. 1690 (mit Verweisen, auch auf andere Ansichten); OR-Zindel/Pulver, N 78 zu Art. 368.

[9] Gauch, Werkvertrag, Nr. 1693.

[10] Gauch, Werkvertrag, Nr. 1328.

[11] Vgl. dazu Gauch, Werkvertrag, Nr. 589 f.

[12] Gauch, Werkvertrag, Nr. 1326.

den. Wenn also von der Schadenersatzhaftung (und deren Voraussetzungen) die Rede ist, sind stets sowohl die werkvertragliche als die auftragsrechtliche Schadenersatzhaftung gemeint.

II. Zur Anspruchskonkurrenz im besonderen

140 *1.* Ist die **vertragswidrige Schädigung zugleich widerrechtlich** (Art. 41 Abs. 1 OR), so kann der Geschädigte seinen Ersatzanspruch gemäss herrschender Lehre[13] und Praxis[14] sowohl aus Art. 398/97 Abs. 1 OR[15] (oder Art. 368 OR[16]) als aus Art. 41 OR herleiten. Diesfalls spricht man von *Anspruchskonkurrenz*[17].

141 2. Widerrechtlich (Art. 41 Abs. 1 OR) handelt gemäss Rechtsprechung des Bundesgerichts[18] und weitverbreiteter Lehre[19] auch derjenige, der absichtlich oder fahrlässig eine **falsche Auskunft** erteilt, von der er annehmen muss, dass sie geeignet ist, den Adressaten in seinen Entscheidungen und Dispositionen zu beeinflussen.

142 Damit wird die strenge Handhabung des Widerrechtlichkeitsbegriffes durchbrochen[20]. Denn die falsche Auskunft bewirkt im Normalfall beim Geschädigten keine Beeinträchtigung von absolut geschützten Rechtsgütern

---

13 Bucher, S. 337 f.; Gauch/Schluep, Nr. 2909 ff.; Guhl/Merz/Koller, S. 203; Keller/Gabi, S. 9; Oftinger I, S. 484; Oftinger/Stark, N 25 zu § 20; OR-Wiegand, N 58 zu Art. 97. - Anders: Jäggi, Schadenersatzforderung, S. 193; von Tuhr/Escher, S. 109.

14 BGE 113 II 247; 99 II 321; 90 II 88; 67 II 136; 64 II 259.

15 Vgl. die in Anm. 13 und 14 zitierte Literatur und Judikatur.

16 BGE 64 II 259; Gauch, Werkvertrag, Nr. 1709; OR-Zindel, N 81 zu Art. 368.

17 Gauch/Schluep, Nr. 2912.

18 BGE 111 II 473; 57 II 81 ff.; 41 II 77.

19 Guhl/Merz/Koller, S. 176; Kaiser, S. 104 ff.; Keller/Schöbi, S. 41; Kramer/Schmidlin, Allgemeine Einleitung, N 66, Kuhn, Auskunft, S. 353; Oftinger/Stark, N 131 ff. zu § 16 - Anders: Brehm, N 44 und 46 zu Art. 41 OR, gemäss dessen Auffassung nur dann eine Haftung für unrichtige Auskünfte bestehe, wenn das Verhalten des Auskunftgebers gegen die guten Sitten verstosse (Art. 41 Abs. 2 OR).

20 Gauch/Sweet, S. 124; Kuhn, Auskunft, S. 353.

(wie Leib, Leben, Eigentum), sondern einen *reinen Vermögensschaden*[21]. Dessen Zufügung ist an sich nicht widerrechtlich (Art. 41 Abs. 1 OR), es sei denn, das schädigende Verhalten verstosse ausnahmsweise gegen eine einschlägige Schutznorm, die "dem Schutze des Betroffenen vor Schädigungen der vorliegenden Art und damit dem Schutze des Vermögens als solchem dient"[22].

143 Das Bundesgericht selbst lässt offen, wieso die Erteilung einer unrichtigen Auskunft widerrechtlich sein soll. Guhl/Merz/Koller begründen die Widerrechtlichkeit falscher Auskünfte mit dem Gefahrensatz[23]. Oftinger/Stark leiten sie aus der Verletzung einer ungeschriebenen "Verhaltensnorm" (zur Erteilung von richtigen Auskünften) ab[24]. Die Mehrzahl der Autoren führt an: Das Gebot des "Handelns nach Treu und Glauben" (Art. 2 Abs. 1 ZGB) verpflichte den Informanten, das in ihn gesetzte Vertrauen nicht zu enttäuschen und eine richtige Auskunft zu erteilen, sofern für ihn "erkennbar ist, dass diese für den Fragesteller voraussichtlich folgenschwere Bedeutung hat bzw. haben kann"[25]; verstosse der Auskunftgeber gegen dieses Gebot, so handle er widerrechtlich im Sinne von Art. 41 Abs. 1 OR[26].

144 3. Das "für falsche Auskunft entwickelte Haftungsprinzip"[27] hat auch im vorliegenden Zusammenhang eine gewisse **Bedeutung**: Mit dem (zu) ungenauen Voranschlag erteilt auch der Architekt eine unrichtige Auskunft (über die zu erwartenden Kosten) (Nr. 185). Hat nun der Bauherr im Vertrauen auf die Richtigkeit des Voranschlages nachteilige Dispositionen vorgenommen oder vorteilhafte unterlassen, so dürfte er (nach dem erwähnten Haftungsprinzip) seinen daraus entstehenden Schaden nicht bloss nach den Haftungsnormen des Vertragsrecht (Art. 398/368/97 Abs. 1

---

[21] Vgl. Gauch/Sweet, S. 124.

[22] Gauch/Sweet, S. 119.

[23] Guhl/Merz/Koller, S. 176.

[24] Oftinger/Stark, N 131 ff. zu § 16.

[25] BGE 57 II 86.

[26] Kaiser, S. 174 f.; Keller/Schöbi, S. 41; Kramer/Schmidlin, Allgemeine Einleitung, N 66; Kuhn, Auskunft, S. 353

[27] Gauch/Sweet, S. 138.

OR) (Nr. 180 ff.) liquidieren, sondern ebenso nach den Regeln des Deliktsrechts (Art. 41 ff. OR)[28]. Ein Vorgehen nach Deliktsrecht könnte sich vor allem da aufdrängen, wo der Bauherr die sich aus der Anwendung des Werkvertragsrechts ergebenden Prüfungs- und Rügeobliegenheiten (Art. 367/370 OR) missachtet hat (Nr. 314 ff.) und/oder die (kurze) Verjährungsfrist des Art. 371 Abs. 1 OR abgelaufen ist (Nr. 323 f.). Denn die herrschende Meinung unterstellt den Deliktsanspruch des "Bestellers" (Art. 363 OR) weder der Verwirkungsfolge der Genehmigung (Art. 370 OR) noch der Verjährungsbestimmung des Art. 371 OR[29].

145 Das wiederum wirft die Frage auf, ob diese Deliktshaftung auch von den *Modalitäten* (Beweislast für Verschulden/Hilfspersonenhaftung/ Verjährung) beherrscht wird, die das Recht der "unerlaubten Handlung" (Art. 41 OR) vorsieht. Fraglich könnte insbesondere sein, ob die eingeschränkte Hilfspersonenhaftung des Art. 55 OR tatsächlich auf diesen Haftungsfall passt oder ob es nicht angebrachter wäre, hier Art. 101 OR anzuwenden[30].

146 Fragen muss man sich aber auch, ob die herrschende Meinung überhaupt richtig ist, wonach die werkvertraglichen Vorschriften von *Art. 370 und 371 OR* nicht auf Deliktsansprüche übergreifen. Gauch lehnt diese Auffassung ab mit dem beachtenswerten Hinweis auf den "gesetzgeberischen Willen". Nach seiner Ansicht könne es nicht angehen, "die gesetzgeberische Wertung, die Art. 370 und 371 OR zugrunde liegt, für jeden Deliktsanspruch beiseite" zu schieben[31]. Deshalb lässt er die Sonderbestimmungen von Art. 370 und 371 OR zumindest für die (hier einschlägige) Deliktshaftung für reine Vermögensschäden Platz greifen[32].

147 Es würde den Rahmen dieser Arbeit sprengen, diese Fragen eingehender zu erörtern. Vor allem aber hatte die *Deliktshaftung* nach Art. 41 OR im Zusammenhang mit dem (zu) ungenauen Voranschlag bisher *keine*

---

[28] Vgl. auch Gauch, Deliktshaftung der Baubeteiligten, in: Tagungsunterlagen zur Baurechtstagung 1989, S. 23.

[29] BGE 64 II 254 ff.; Becker, Vorbemerkungen vor Art. 41-61 OR, N 1; OR-Zindel/Pulver, N 81 zu Art. 368; Pedrazzini, S. 521.

[30] Gauch/Sweet, S. 140.

[31] Gauch, Werkvertrag, Nr. 1713.

[32] Gauch, Werkvertrag, Nr. 1714.

praktische Bedeutung und - ich wage diese Prognose - wird auch inskünftig ein "Schattendasein" fristen. Abgesehen von den in Nr. 145 erwähnten Modalitäten ergeben sich ausserdem im Fall des (zu) ungenauen Voranschlages schon mit Bezug auf die Haftungsvoraussetzungen keine Unterschiede zwischen der Haftung aus Vertrag und einer allfälligen Haftung aus Delikt: Die haftungsbegründende Vertragsverletzung (Art. 398/368/97 Abs. 1 OR) besteht darin, dass der Architekt mit dem (zu) ungenauen Voranschlag eine falsche Auskunft erteilt (Nr. 185); das wäre - nach der vorhin dargestellen Rechtsprechung und Lehre (Nr. 141) - zugleich widerrechtlich (Art. 41 Abs. 1 OR). Die "Fahrlässigkeit" (Art. 41 Abs. 1 OR) ist sowohl im vertraglichen (Nr. 157) als im ausservertraglichen Bereich "verobjektiviert"[33], weshalb derjenige, der einen (zu) ungenauen Voranschlag abgibt, auch nach Deliktsrecht nahezu immer ein Verschulden treffen würde. Bei der "Festsetzung des Schadens" (Art. 42 OR) wäre auch im Deliktsrecht vom Vertrauensschaden (Nr. 227 ff.) auszugehen[34]. Ferner setzen Vertrags- und Deliktshaftung einen adäquaten Kausalzusammenhang zwischen dem (zu) ungenauen Voranschlag und dem Schaden voraus, wobei sie den gleichen Kausalitätsbegriff verwenden[35]. Ebenso wäre die Haftungsfolge der Deliktshaftung (die Pflicht zur Leistung von Schadenersatz) keine andere als die der Vertragshaftung. Immerhin besteht im Deliktsrecht - anders als im Vertragsrecht - keine Haftung auf Vergütungsreduktion (Nr. 357 ff.).

148   Aus diesen Gründen will ich im folgenden auf die Deliktshaftung nicht weiter eingehen und "beschränke" mich darauf, die Vertragshaftung des Architekten im einzelnen darzulegen.

---

33 Vgl. z.B. Brehm, N 184 zu Art. 41 OR; Gauch/Schluep, Nr. 2762; Guhl/Merz/Koller, S. 181 f.; Oftinger, S. 141; OR-Schnyder, N 23 zu Art. 41.
34 Kaiser, S. 186.
35 Vgl. Gauch/Schluep, Nr. 2712.

§ 7. Die Schadenersatzhaftung für vertragswidrig verursachte Zusatzkosten[1]

149 Die Architektenhaftung für vertragswidrig verursachte Zusatzkosten wird gewöhnlich im Zusammenhang mit der Kostenüberschreitung behandelt, obschon sie in Wirklichkeit keine Haftung für die Überschreitung des Voranschlages (für "Kostenüberschreitung") ist[2]. - Zu unterscheiden sind ein Grund- und ein Sonderfall[3]:

I. Verursachung unnötiger (zusätzlicher) Baukosten

1. Vertragsverletzung und Verschulden

150 1. Der Architekt hat sowohl nach Werkvertragsrecht (Art. 364 Abs. 1 OR) als nach Auftragsrecht (Art. 398 Abs. 1 und 2 OR) die ihm übertragenen Arbeiten treu und sorgfältig auszuführen. Das gebietet es dem Architekten, die Interessen des Bauherrn in jeder Hinsicht zu wahren und namentlich alles daran zu setzen, dass dem Bauherrn kein Schaden zugefügt wird[4]. Geschädigt wird der Bauherr aber insbesondere dadurch, dass der Architekt **unnötige (zusätzliche) Baukosten** verursacht, die ihm bei richtiger Vertragserfüllung erspart geblieben wären[5], weshalb für ihn die Ausführung der Baute teurer als erforderlich zu stehen kommt[6].

---

[1] Titel nach Gauch, Überschreitung, S. 79.

[2] Gauch, Überschreitung, S. 79.

[3] Gauch, Überschreitung, S. 79; Schumacher, Nr. 609 ff.

[4] Pra 75, 1985, Nr. 179, S. 521; BGE 108 II 198; Fellmann, N 29 zu Art. 398 OR; Gautschi, N 5a zu Art. 398 OR; OR-Weber, N 8 zu Art. 398 OR; Schumacher, Nr. 609.

[5] Gauch, Überschreitung, S. 80.

[6] Gauch, Überschreitung, S. 80; Schumacher, Nr. 610.

151 Unnötige (zusätzliche) Baukosten können dem Bauherrn insbesondere durch folgende Vertragsverletzungen des Architekten erwachsen, die im Streitfall vom Bauherrn zu beweisen sind (Nr. 272)[7]:

152 - *Planungsfehler.* Beispiel: Weil der Architekt in seinen Plänen ungenügende Sicherungsmassnahmen vorgesehen hat, wird die sich um Aushub befindliche Baugrube zugeschüttet. Das hat zur Folge, dass der Bauherr dem Unternehmer für dessen Mehraufwand, der ihm durch die Wiederinstandstellung der Baugrube entsteht, eine zusätzliche Vergütung zu entrichten hat[8].

153 - *Submissionsfehler.* Beispiel: Aus einem unvollständigen Devis ergibt sich nachher die Notwendigkeit, Arbeiten zu den (teureren) Regieansätzen auszuführen[9].

154 - *Bauleitungsfehler.* Beispiel: Beim Bau eines Hochhauses übersieht die Bauleitung, dass die Armierungen in den oberen Stockwerken gemäss Projekt schwächer werden sollten und lässt sie durchwegs nach den Erdgeschossplänen ausführen, was beträchtliche Mehrkosten zur Folge hat[10].

155 - *Nachlässigkeiten beim Rechnungswesen.* Beispiel: Der Architekt anerkennt die falsche Schlussabrechnung eines Unternehmers (und dessen Anerkennung wird für den Bauherrn rechtswirksam)[11].

---

[7] Abravanel, Devoirs, Nr. 329; OR-Wiegand, N 31 zu Art. 97; Schumacher, Nr. 451.

[8] Gauch, BR 1990, S. 41, Nr. 40 (Kommentar zu BGE 115 II 42 ff.). - Anderes Beispiel: Aufgrund eines falschen Aushubplanes wird mehr ausgehoben und fundamentiert als eigentlich notwendig wäre (Schumacher, Nr. 610).

[9] Locher, Baurecht, Nr. 277. - Anderes Beispiel: Der Architekt unterlässt es, verschiedene Angebote für die Ausführung einer Arbeit einzuholen, so dass nicht der preisgünstigste (und trotzdem fachmännisch arbeitende) Unternehmer zum Zuge kommt.

[10] Schaub, S. 177.

[11] Trümpy, S. 110. - Zur Frage, inwieweit der Bauherr die Anerkennung einer Schlussabrechnung durch den Architekten gegen sich gelten lassen muss: vgl. BGE 118 II 313 ff.; 109 II 452 ff.; ZR 88, 1989, Nr. 135, S. 317 ff. (= BR 1989, S. 93 f., Nr. 113); Stierli, Nr. 170 und 231 ff.; Schwager, Nr. 812.

156 - *Verletzung von Prüfungs- und Anzeigepflichten*. Beispiel: Der Architekt unterlässt pflichtwidrig die Prüfung des abgelieferten Werks[12] und zeigt dem Bauherrn (oder dem Unternehmer[13]) deshalb einen erkennbaren Werkmangel nicht an. Dadurch verliert der Bauherr seine Mängelrechte und muss den Mangel auf eigene Kosten beheben lassen[14].

157 2. Sofern nicht ein Fall der Hilfspersonenhaftung (Art. 101 OR; Nr. 311 f.) vorliegt, setzt die Schadenersatzpflicht des Architekten stets auch ein **Verschulden** des Architekten voraus[15]. Es ist aber Sache des Architekten, den Nachweis des fehlenden Verschuldens zu erbringen (Art. 97 Abs. 1 OR). Allerdings ist der Fahrlässigkeitsbegriff "verobjektiviert"[16], indem der Architekt seine Tätigkeiten mit all den Fähigkeiten, insbesondere jener Sorgfalt, zu verrichten hat, die einen "gewissenhaften"[17] Angehörigen seiner Berufsgruppe auszeichnen[18]. Und diesen "Standard" erfüllt der Architekt nicht, der durch sein Fehlverhalten unnötige Baukosten verursacht. Darum wird dem vertragswidrig sich verhaltenden Architekten der (haftungsbefreiende) Nachweis des fehlenden Verschuldens praktisch kaum je gelingen[19].

158 3. Obschon vielfach erst die Kostenüberschreitung eine Unregelmässigkeit in der Bauabwicklung erkennbar macht, hat die Haftung für unnötige Baukosten **nichts mit dem Kostenvoranschlag und dessen Überschreitung gemein**: Die unnötigen Baukosten sind nämlich nicht auf die unrichtige Kostenvorhersage des Architekten zurückzuführen, sondern haben ihre Ursache in anderen Vertragsverletzungen des Architekten (Nr. 152 ff.). Sie

---

12 SIA-Ordnung 102, Art. 4.4.4; Schumacher, Nr. 702.

13 Vgl. dazu Gauch, Werkvertrag, Nr. 1529 und Schumacher, Nr. 702.

14 Schumacher, Nr. 704.

15 Das Gesagte gilt auch für die Ersatzpflicht für Mangelfolgeschäden (Gauch, Nr. 1328).

16 BGE 115 II 64; Bucher, S. 347; Gauch/Schluep, Nr. 2748; Gauch, Menschenbild, S. 193; OR-Wiegand, N 42 zu Art. 97.

17 Pra 74, 1985, Nr. 179, S. 520.

18 Derendinger, Nr. 272; Gauch, Menschenbild, S. 195; Keller/Gabi, S. 60; Oswald, S. 69; Schumacher, Nr. 512.

19 OR-Wiegand, N 42 zu Art. 97; Schumacher, Nr. 516.

sind denn auch zu unterscheiden von den "Mehrkosten", um die der Voranschlag überschritten wird. Für die unnötigen Baukosten haftet der Architekt selbst dann, wenn der Voranschlag eingehalten, unterschritten oder gar nicht erstellt wurde[20]. Damit ist auch klargestellt, dass die Toleranzgrenze hier zum vornherein aus dem Spiel bleibt[21].

2. Schaden

159 *1.* Der Schaden ist, wie das Bundesgericht formuliert, "**eine unfreiwillige Vermögensverminderung**". Er kann "in einer Verminderung der Aktiven, einer Vermehrung der Passiven oder in entgangenen Gewinn bestehen und entspricht der Differenz zwischen dem gegenwärtigen Vermögensstand und dem Stand, den das Vermögen des Geschädigten ohne das schädigende Ereignis hätte"[22].

160 Dieser (vorherrschende[23]) Schadensbegriff verlangt auch, dass Vermögensvorteile, die dem Geschädigten infolge eines Schadensereignisses zugekommen sind, zugunsten des Haftpflichtigen in die Berechnung des Schadens miteinzubeziehen sind (Grundsatz der Vorteilsanrechnung oder - ausgleichung)[24].

161 *2.* Die Bestimmung der beim Bauherrn eingetretenen (unfreiwilligen) Vermögensverminderung und damit die "Festsetzung des Schadens" (Art. 42 OR) bietet beim Fall der Verursachung unnötiger (zusätzlicher) Baukosten durch den Architekt keine grossen Probleme: Einfach ausgedrückt, besteht der Schaden des Bauherrn **in den unnötigen Baukosten**[25]. Da es an anzu-

---

20 Gauch, Überschreitung, S. 80.
21 Gauch, Überschreitung, S. 84.
22 BGE 116 II 444; 115 II 482; 104 II 199.
23 Gauch/Schluep, Nr. 2625 mit Verweisen.
24 BGE 112 Ib 330; 71 II 89 f.; Brehm, N 27 zu Art. 42 OR; Brunner, Nr. 172 ff.; Deschenaux/Tercier, S. 219; Gauch/Schluep, Nr. 2794; Keller/Gabi, S. 74 f.; Oftinger I, S. 178; OR-Wiegand, N 39 zu Art. 97; von Tuhr/Peter, S. 101.
25 Gauch, Überschreitung, S. 80.

rechnenden Vermögensvorteilen des Bauherrn fehlt, fällt hier eine Vorteilsanrechnung zum vornherein ausser Betracht[26].

162 3. Besonders herauszuheben ist die vom Architekten verursachte **Verzögerung in der Bauausführung**, und zwar aus zwei Gründen:

163 - Die Verzögerung in der Bauausführung ergibt sich vielfach aus (schlichter) Schlechterfüllung (z.B. mangelhafter Koordination der Bauarbeiten) (Nr. 154). Der daraus erwachsende Schaden ist - wie in den (anderen) Fällen der Verursachung unnötiger Baukosten - ein *"Schlechterfüllungsschaden"*, wofür der Architekt werkvertraglich nach Art. 368 OR und auftragsrechtlich nach Art. 398/97 Abs. 1 OR einzustehen hat. Es ist aber auch möglich, dass die Verzögerung nicht aus Schlechterfüllung herrührt, sondern aus einer Verspätung des Architekten mit einer Leistung (z.B. einer Planlieferung), weshalb er sich nach Art. 102 OR (evt. Art. 366 Abs. 1 OR) in Verzug befindet (Nr. 125). Für den daraus entstehenden Schaden (den sogenannten *"Verspätungsschaden"*[27]) haftet der Architekt nach Art. 103 Abs. 1/106 Abs. 1 OR[28].

164 - Bei Verzögerungen in der Bauausführung - und zwar sowohl aus Schlechterfüllung als aus Verzug - wird das Vermögen des Bauherrn einerseits unmittelbar geschädigt durch die ihm erwachsenden (unnötigen) Zusatzkosten (z.B. Mehrkosten infolge Teuerung, längerer Benützung des Baugerüsts, Beschleunigungskosten, höhere Kreditkosten)[29]. Andererseits tritt - anders als bei der "blossen" Verursachung unnötiger Baukosten - zu diesem "unmittelbaren" Schaden[30] oft noch ein *"weiterer"* *Schaden* hinzu: der Ertragsausfall (z.B. der Mietzinsausfall) wegen der verspäteten Ingebrauchnahme des Bauwerks[31]. Dieser Ertragsausfall ist

---

[26] Gauch, Überschreitung, S. 80.
[27] BGE 116 II 443.
[28] Vgl. dazu Gauch/Schluep, Nr. 2985 ff.
[29] Gauch, Werkvertrag, Nr. 470.
[30] OR-Schnyder, N 4 zu Art. 41.
[31] Gauch/Schluep, Nr. 2988 f.

ein "indirekter" Schaden im Sinne von Art. 1.6 der SIA-Ordnung 102 (Nr. 338), wofür derjenige Vertragspartner des Architekten keinen Ersatz verlangen kann, der gegen sich diese Bestimmung gelten lassen muss (vgl. Nr. 333; 343 f.).

II. Kostenteuernde Projektabweichungen des Architekten

1. Die Vertragsverletzung

165 *1.* Grundlage des Kostenvoranschlages bildet regelmässig ein vom Architekten erstelltes Projekt und Leistungsprogramm, das vom Bauherrn genehmigt wurde und so Vertragsgeltung erlangt hat. Daran hat sich der Architekt zu halten, und er darf die Bauausführung nicht ohne Befugnis des Bauherrn (eigenmächtig) derart ändern, dass er die Unternehmer zusätzliche Arbeiten oder andere Leistungen als vorgesehen ausführen lässt[32]. Anderenfalls handelt er **vertragswidrig**. Nicht vertragsgemäss verhält sich aber auch der Architekt, der ein Projekt oder Leistungsprogramm missachtet, das vom Bauherrn selbst vorgelegt wurde.

166 Da dieser Haftungsfall mit dem Kostenvoranschlag und dessen Überschreitung gar nichts zu tun hat, bleibt hier die Toleranzgrenze ganz aus dem Spiel[33]. Daher ist eine Vertragsverletzung des Architekten selbst dann zu bejahen, wenn seine Eigenmächtigkeit bloss geringfügige Zusatzkosten mit sich bringt.

167 Entgegen einer bisweilen vertretenen Ansicht[34] hat der Architekt *kein generelles Recht zur Anordnung kleinerer Änderungen*[35]. Auch die dem Architekten vielfach eingeräumte Befugnis zur selbständigen Vergabe von Arbeiten bis zu einem bestimmten Betrag ändert daran nichts[36]. Denn die-

---

[32] Gauch, Überschreitung, S. 80.

[33] Gauch, Überschreitung, S. 80.

[34] So z.B. PKG 1976, Nr. 10, S. 56 (= BR 1979, S. 10, Nr. 3); Müller, S. 605.

[35] Gauch, Überschreitung, S. 80, Anm. 14; Schumacher, Nr. 612.

[36] Vgl. z.B. SIA-Vertragsformular 1002, Ausgabe 1984, Art. 12.

ses Recht besteht in der Regel nur für Arbeiten "im Rahmen des Kostenvoranschlages"[37].

168 2. Das vorher Gesagte gilt nicht uneingeschränkt: Der Architekt kann, ja muss sogar[38] eigenmächtig **vom Projekt** (und Leistungsprogramm) **abweichen**, falls die vorherige Einholung "einer Erlaubnis nicht tunlich und überdies anzunehmen ist, der Auftraggeber würde sie bei Kenntnis der Sachlage erteilt haben" (Art. 397 Abs. 1 OR[39]). Das trifft zum Beispiel dann zu, wenn für den Architekten infolge Abwesenheit des Bauherrn keine Möglichkeit besteht, neue Weisungen einzuholen, und das vom Architekten gewählte Vorgehen dem mutmasslichen Willen des Bauherrn entspricht[40].

2. Der zu ersetzende Schaden

169 *1.* Der Schaden des Bauherrn besteht in den **Zusatzkosten**, die ihm ohne das eigenmächtige Handeln seines Vertragspartners erspart geblieben wären[41].

170 Doch sind die durch vertragswidrige Projektabweichungen verursachten Zusatzkosten - im Unterschied zu den unnötigen Baukosten - nicht immer "unnütz"[42]. Möglich (aber nicht zwingend[43]!) ist nämlich, dass die Baute (und damit das Grundstück des Bauherrn) durch die veränderte Ausführung eine **Wertsteigerung** erfahren hat. Das wiederum kann im Extremfall bewirken, dass keine (negative) Differenz mehr zwischen dem gegenwärtigen Vermögensstand des Bauherrn und dem Stand besteht, den sein Vermögen, ohne das vertragswidrige Verhalten des Architekten hätte

---

37 Migros-Vertrag Architekt, Art. 9.
38 Derendinger, Nr. 122.
39 Das gilt analog auch für den Werkvertrag, und zwar aufgrund von Art. 364 Abs. 1 OR.
40 Fellmann, N 104 zu Art. 397 OR; Hofstetter, S. 80; Oser/Schönenberger, N 5 zu Art. 397 OR; OR-Weber, N 9 zu Art. 397; Schumacher, Nr. 612.
41 Gauch, Überschreitung, S. 80.
42 Gauch, Überschreitung, S. 80.
43 Schumacher, Nr. 674.

(Nr. 241 ff.)[44]. Das wirft nun aber die Frage auf, inwieweit sich der Bauherr eine derartige Wertsteigerung anrechnen lassen muss. Das wiederum ist ein normatives Problem, worauf ich noch näher eingehen werde (Nr. 247 ff.).

171 2. Art. 99 Abs. 3 und Art. 43 Abs. 1 OR ermächtigen den Richter, die Art des Schadenersatzes nach den Umständen (Art. 4 ZGB) zu bestimmen, sofern sich die Parteien nicht darüber einigen[45]. Möglich ist nicht bloss Geldersatz, sondern auch **Naturalrestitution**[46]. Damit würde der Zustand hergestellt, "der bestehen würde, wenn der zum Ersatz verpflichtende Umstand nicht eingetreten wäre"[47].

172 Eine Schadensliquidation durch Naturalrestition wäre bei diesem Haftungsfall eine durchaus denkbare Lösung[48]; das selbst in den Fällen, wo die strenge Berücksichtigung der Wertsteigerung den Schaden beseitigen würde ("Anrechnung des Wertes des Vorteils in natura")[49]. Alsdann müsste der Architekt die *Zusatzkosten ersetzen*. Doch ist ihm (quasi als Ausgleich) ein *Recht auf Wegnahme* der infolge seiner Projektabweichung eingebauten Sache zuzugestehen[50].

173 Voraussetzung für die Naturalrestitution bildet aber immer, dass sie den Parteien *nach Treu und Glauben (Art. 2 Abs. 1 ZGB) zugemutet* werden kann[51]. Seitens des Bauherrn trifft das sicher dann nicht mehr zu, wenn die Entfernung der Sache eine "unverhältnismässige Schädigung" (Art. 671 Abs. 2 ZGB, sinngemäss) der Baute bewirkt[52]. Erfordert die Herstellung des Bauzustandes, der ohne die eigenmächtigen Projektänderungen bestehen würde, einen bestimmten Kostenaufwand, so hat ihn der Architekt zu

---

[44] Gauch, Überschreitung, S. 85.

[45] Gauch/Schluep, Nr. 2784.

[46] Gauch/Schluep, Nr. 2784; von Tuhr/Peter, S. 114.

[47] Von Tuhr/Peter, S. 114.

[48] So auch Schumacher, Nr. 690.

[49] Schumacher, Nr. 690; vgl. auch Oftinger I, S. 184; Brehm, N 29 zu Art. 42 OR.

[50] Schumacher, Nr. 690.

[51] Keller, Haftpflicht im Privatrecht, Bd. II, Bern 1987, S. 36; Schumacher, Nr. 690.

[52] Schumacher, Nr. 690.

tragen[53]; denn erst dann ist der Bauherr so gestellt, wie wenn der Architekt nicht vertragswidrig gehandelt hätte. Ist aber dieser Kostenaufwand "übermässig" (Art. 368 Abs. 2 OR, sinngemäss[54]), so darf auch dem Architekten die Naturalrestitution nicht zugemutet werden. Der Umstand allein, dass die wegzunehmende Sache für den Architekten keinen oder bloss geringen Wert hat, bildet keinen Grund für eine Verweigerung der Naturalrestition; das schon gar nicht, falls die pflichtwidrig eingebaute Sache auch für den Bauherrn persönlich (subjektiv) nicht viel wert ist[55]. Überhaupt verdient der Schädiger (der Architekt) im Zweifelsfall weniger Schutz (vor der Naturalrestititution) als der Geschädigte (der Bauherr)[56].

3. Die Vollmacht des Architekten zur Anordnung kostenteuernder Projektabweichungen

174   Die Haftung des Architekten für kostenteuernde Projektabweichungen setzt immer voraus, dass der Bauherr dem Bauunternehmer solche Abweichungen nach Art. 363/372 ff. OR zu vergüten oder sonstwie (z.B. nach Art. 672 ZGB oder den Grundsätzen von Art. 62 ff. OR) zu entschädigen hat, weil sonst dem Bauherrn gar keine Zusatzkosten erwachsen. Das ist ein **Problem der Architektenvollmacht**. Dazu kurz das Folgende:

175   - *Die vertragliche Pflicht* des Bauherrn "zur Leistung einer Vergütung" (Art. 363 OR) für kostenteuernde Änderungen kann ihren Grund zunächst in der *vom Bauherrn erteilten Architektenvollmacht* haben[57]. Allerdings lässt sich eine derartige Vollmacht - sofern es nicht um unausweichliche Projektänderungen (z.B. zur Abwendung einer unmittelbaren Gefahr) geht[58] - weder aus Art. 396 Abs. 2 OR noch aus der

---

53   Vgl. Keller/Schaufelberger, S. 51.
54   Vgl. dazu Gauch, Werkvertrag, Nr. 1235 ff.
55   Vgl. Gauch, Überschreitung, S. 85.
56   In diesem Sinne auch Schumacher, Nr. 690.
57   Vgl. Schwager, Nr. 749; Stierli, Nr. 142.
58   Stierli, Nr. 179.

SIA-Ordnung 102[59], sondern nur aus einer ausdrücklichen oder stillschweigenden "Ermächtigung" (Art. 34 Abs. 1 OR) des Bauherrn herleiten[60]. Gerade an einer solchen "Ermächtigung" fehlt es bei eigenmächtigen Projektänderungen, weshalb hier der Architekt immer auch vollmachtlos handelt.

176 - Die Vertretungswirkung (hier: die vertragliche Vergütungspflicht) kann trotz fehlender Vollmacht eintreten, sofern der Bauherr einem Dritten (z.B. einem Bauunternehmer) eine entsprechende Vollmacht mitgeteilt hat[61], und der Dritte gutgläubig auf den Bestand der *kundgegebenen Vollmacht* vertrauen durfte (Art. 33 Abs. 2 OR)[62].

177 In diesem Zusammenhang ist insbesondere auf die Bestimmung von *Art. 33 Abs. 2 der SIA-Norm 118*[63] hinzuweisen, womit dem Bauunternehmer eine Vollmacht kundgegeben wird[64], die weiter geht als die (interne) Vollmacht gemäss der SIA-Ordnung 102 oder Art. 396 Abs. 2 OR[65]. Diese (kundgegebene) Vollmacht beinhaltet zwar keine Ermächtigung des Architekten zum Abschluss von Bauwerkverträgen[66]. Aufgrund des Wortlautes der Vorschrift ist aber anzunehmen, dass damit eine Vollmacht des Architekten zur selbständigen Anordnung kostenteuernder Projektänderungen mitgeteilt wird[67]. Allerdings kann die Anwendung dieser Bestimmung, die für den Bauherrn selbstver-

---

[59] Gauch, Werkvertrag, Nr. 542; Hess, S. 46, Schwager, Nr. 794; Stierli, Nr. 568 ff.

[60] Schwager, Nr. 747; Stierli, Nr. 147 ff.

[61] Gauch/Schluep, Nr. 1391; Schwager, Nr. 773; Stierli, Nr. 256 ff.

[62] Gauch/Schluep, Nr. 1392; Schwager, Nr. 773; Zäch, N 125 zu Art. 33 OR.

[63] Diese Bestimmung hat folgenden Wortlaut: "Soweit der Werkvertrag in der Vertragsurkunde nicht ausdrücklich etwas anderes bestimmt, vertritt die Bauleitung den Bauherrn gegenüber dem Unternehmer; alle Willensäusserungen der Bauleitung, die das Werk betreffen, sind für den Bauherrn rechtverbindlich, insbesondere Weisungen, Bestätigungen, Planlieferungen ...".

[64] Gauch, Werkvertrag, Nr. 235; Schwager, Nr. 781; Stierli, Nr. 733.

[65] Gauch, Werkvertrag, Nr. 542; Schwager, Nr. 781; Stierli, Nr. 842.

[66] ZR 72, 1980, Nr. 118, S. 253 (= BR 1981, S. 53, Nr. 45); Gauch, Werkvertrag, Nr. 298; Schwager, Nr. 796; Stierli, Nr. 754.

[67] Gauch, Werkvertrag, Nr. 542. - Anders: Schwager, Nr. 796; Stierli, Nr. 756 ff.

ständlich nur durch vertragliche Übernahme (in den konkreten Bauwerkvertrag) wirksam wird[68], nicht bloss an der fehlenden Gutgläubigkeit des Unternehmers[69], sondern auch an der Ungewöhnlichkeitsregel (Nr. 346) scheitern, die zugunsten des konkreten Bauherrn eingreift[70].

178 - Der Bauherr kann die Handlung des Architekten (z.B. zwecks Verhinderung eines Bauhandwerkerpfandrechts) noch nachträglich genehmigen. Diese *Genehmigung*, welche die fehlende Vollmacht ersetzt und bewirkt, dass die Handlung des Architekten für den Bauherrn (dem Dritten gegenüber) verbindlich wird (Art. 38 Abs. 1 OR)[71], bedeutet aber keinen Verzicht des Bauherrn auf allfällige Schadenersatzansprüche gegen den vertragswidrig handelnden Architekten[72].

179 - *Fehlt die Architektenvollmacht* (und wird dieser Mangel auch nicht durch nachträgliche Genehmigung geheilt; Nr. 178), so hat der Bauunternehmer zwar kein vertragliches Recht auf Vergütung der (zusätzlich) erbrachten Leistungen[73]. Doch steht ihm bei gegebenen Voraussetzungen der gesetzliche Ausgleichsanspruch des Art. 672 ZGB zu[74]. Streitig ist schliesslich, ob der Bauunternehmer den Bauherrn ebenso aus ungerechtfertigter Bereicherung (Art. 62 ff. OR) belangen kann[75].

---

[68] Gauch, Werkvertrag, Nr. 252.
[69] Vgl. dazu Gauch, Werkvertrag, Nr. 252.
[70] Gauch, Werkvertrag, Nr. 252; Schwager, Nr. 788; Zäch, N 149 zu Art. 33 OR.
[71] Gauch/Schluep, Nr. 1381.
[72] PKG 1976, Nr. 10, S. 56 (= BR 1979, S. 10, Nr. 3); Stierli, Nr. 965.
[73] Gauch, Werkvertrag, Nr. 458.
[74] Gauch, Werkvertrag, Nr. 458; Schwager, Nr. 822; Stierli, Nr. 875.
[75] Pro: Stierli, Nr. 878; contra: Schwager, Nr. 822.

§ 8. Die Schadenersatzhaftung für den (zu) ungenauen Kostenvoranschlag

I. Vom (zu) ungenauen Voranschlag im allgemeinen

180   *1.* Vielfach macht der Bauherr den Architekten deshalb haftbar, weil der **Kostenvoranschlag (zu) ungenau** ist und deswegen überschritten wird[1]. Dazu vorab vier Feststellungen allgemeiner Natur:

181   *2.* Ob der Kostenvoranschlag des Architekten ungenau ist, entscheidet sich immer aufgrund des **Gegenstandes seines Voranschlages**[2]:

182   - Bei der *Bestimmung der haftungsrelevanten Überschreitung* sind nur die Kosten derjenigen Leistungen zu berücksichtigen, die der Architekt in seinen Voranschlag tatsächlich eingeschlossen hat (Nr. 39 ff.). Kommt das Vertrauensprinzip zur Anwendung, weil der Bauherr den Voranschlag (tatsächlich) nicht im Sinne des Architekten verstanden hat, so ist auf diejenigen Kosten abzustellen, mit deren Erfassung der Bauherr in guten Treuen rechnen durfte und musste (Nr. 40). Verteuerungen aus nachträglichen Sonder- und Änderungswünschen des Bauherrn, aber auch Kosten (wie z.B. die Mehrkosten aus unvorhersehbaren Umständen im Sinne des Art. 373 Abs. 2 OR, die Teuerung oder die Baukreditzinsen), die (auch nach dem Vertrauensprinzip) nicht Gegenstand des konkreten (!) Voranschlages gebildet haben (Nr. 41), bleiben zum vornherein aus dem Spiel, wenn es gilt, die für die Architektenhaftung massgebliche Überschreitung festzulegen. Diese Kosten sind von den effektiven Baukosten abzuziehen[3].

183   - Auszuscheiden sind im besonderen die *Kostenangaben der* vom Bauherrn beigezogenen *Spezialisten* (z.B. über die Baugrube) (Nr. 68), ebenso die entsprechenden tatsächlichen Baukosten. Zwar übernimmt

---

[1]   Gemäss der SIA-Ordnung 102 ist das eine Haftung aus "ungenügender Kostenerfassung" (Art. 1.6).
[2]   Gauch, Überschreitung, S. 80.
[3]   Gauch, BR 1987, S. 15 f.

der Architekt diese Kosteninformationen in seinen Voranschlag. Diese Übernahme ist aber vertragsgemäss, ja sogar vertraglich vorgeschrieben[4], weshalb dieses Handeln allein keine Haftung des Architekten begründet. Überhaupt gibt es keine "Kollektivhaftung" aller Personen, die am Kostenvoranschlag, aber auch an Plan- und Bauwerken irgendwie beteiligt sind[5]. Vielmehr werden nur die Personen ersatzpflichtig, bei denen die einschlägigen Haftungsvoraussetzungen erfüllt sind. Auch der Spezialist haftet bei gegebenen Voraussetzungen für die von ihm stammenden (zu) ungenauen Angaben grundsätzlich selbst und allein.

184   Anders verhält es sich im Sonderfall, da sich der Architekt im Zusammenhang mit der Erarbeitung und Übernahme der Kostenvorhersagen der Spezialisten vertragswidrig verhält. Vertragswidrig handelt etwa der Architekt, der dem Spezialisten mangelhafte Berechnungsgrundlagen (z.B. ein falsch dimensioniertes Bauprojekt) übergibt[6]. Den Vertrag verletzt der Architekt aber auch, wenn er die (an sich richtigen) Angaben eines Spezialisten nicht korrekt in seinen Voranschlag überträgt oder die ihn treffende Prüfungspflicht nicht gehörig wahrnimmt (Nr. 113). Alsdann setzt der Architekt, allenfalls zusammen mit dem Spezialisten (vgl. dazu Nr. 300 ff.), die Ursache für die Ungenauigkeit von dessen Kostenangaben[7], weshalb auch sie (die Kostenangaben) miteinzubeziehen sind, wenn die für die Architektenhaftung massgebliche Überschreitung zu bestimmen ist. Allerdings kommt auch für diese Kosteninformationen die Toleranzgrenze ins Spiel; und zwar die (unter Umständen spezielle) Toleranzgrenze, die für die Prognose des Spezialisten gilt (Nr. 193).

185   3. Die **Vertragsverletzung** liegt darin, dass der Architekt seinen Voranschlag und/oder dessen Grundlagen (z.B. das Bauprojekt oder die Detailstudien) nicht fachmännisch (lege artis) erstellt (Nr. 101 f.). Das

---

[4]   SIA-Ordnung 102, Art. 4.2.5.

[5]   Schumacher, Nr. 715.

[6]   Vgl. SIA-Ordnung 103, Art. 4.2.3.

[7]   Vgl. Keller/Schöbi, S. 18 f.; Oftinger, Haftpflichtrecht I, S. 98.

wiederum hat zur Folge, dass er seinem Vertragspartner eine *unrichtige Auskunft* über die zu erwartenden Baukosten erteilt[8].

186 Nicht fachmännisch handelt der Architekt beispielsweise in folgenden **Fällen**:
- Er stützt seinen Kostenvoranschlag bloss auf eine überschlägige Berechnung (z.B. nach Kubikinhalt) ab[9].
- Er berücksichtigt gewisse Arbeiten[10] oder entgegen der Abrede die voraussichtliche Bauteuerung[11] nicht.
- Ihm unterläuft ein simpler Rechenfehler (z.B. bei der Ermittlung der Ausmasse)[12].
- Er "verschätzt" sich bezüglich der mutmasslichen Preise erheblich, weil er nicht von den ortsüblichen Preisen ausgeht[13].
- Er klärt die Baugrundverhältnisse nicht genügend ab[14].

187 4. Beim Kostenvoranschlag handelt es sich um eine **Prognose**, weshalb ihm eine gewisse Unzuverlässigkeit weseneigen ist (Nr. 31 f.). Auch bei noch so fachmännischer Arbeit des Architekten ist ein absolut genauer Kostenvoranschlag nicht möglich[15]. Darum muss dem Architekten ein gewisser Spielraum eingeräumt werden, innerhalb dem der Voranschlag ungenau und nachher bei der Submission (vgl. Nr. 255 ff.) oder der Bauausführung (vgl. Nr. 235 ff.) überschritten sein darf; solange die **Toleranzgrenze** eingehalten wird, die diesen Spielraum abschliesst, fehlt es

---

[8] Gauch, Überschreitung, S. 81.

[9] Dieser Sachverhalt lag z.B. den Entscheiden EGV 1985, Nr. 34, S. 102 ff. (= BR 1987, S. 15 f., Nr. 5) und GVP 1985, Nr. 44, S. 100 ff. (= BR 1986, S. 61 f., Nr. 84) zugrunde.

[10] Gauch, Überschreitung, S. 80; Locher, Bausummenüberschreitung, S. 1697.

[11] Schumacher, Nr. 630.

[12] Schumacher, Nr. 630.

[13] Locher, Bausummenüberschreitung, S. 1696.

[14] Vgl. z.B. den Sachverhalt im BGE vom 16. 12. 1986 i.S. D. gegen L. und S., wo der Architekt infolge ungenügender Prüfung der Bodenbeschaffenheit nicht erkannte, dass die Fundation in Eisenbeton auszuführen war. Deshalb wurde der Kostenvoranschlag, der Streifenfundamente vorsah, um Fr. 37'000.-- überschritten.

[15] BGE 28 II 546; Schumacher, Nr. 638.

an einer haftungsbegründenden Vertragsverletzung[16] - und nicht erst an einem Verschulden des Architekten[17].

188   5. Auch die Haftung für den (zu) ungenauen Kostenvoranschlag ist - sofern nicht die Voraussetzungen einer Hilfspersonenhaftung (Art. 101 OR) gegeben sind (Nr. 311 f.) - eine **Verschuldenshaftung**[18]. Das Haftungserfordernis "Verschulden" (Art. 97 Abs. 1 OR) ist jedoch bei gegebener Vertragswidrigkeit praktisch immer erfüllt. Das gilt selbst dann, wenn dem Architekten angelastet wird, er hätte bestimmte Kosten nicht einbezogen, deren Erfassung ihm zwar nicht ausdrücklich vorgeschrieben war, mit deren Berücksichtigung der Bauherr jedoch aufgrund des Vertrauensprinzips rechnen durfte (Nr. 40). Denn der Architekt muss sich diesfalls den Vorwurf gefallen lassen, dass er es als fachkundige Partei unterlassen hat, bezüglich der im Voranschlag eingeschlossenen Kosten für Klarheit zu sorgen.

II. Von der Toleranzgrenze

1. Vom Anwendungsbereich

189   *1. Die Toleranzgrenze hat ihre Rechtfertigung im Prognose-Charakter des Kostenvoranschlages* (Nr. 187). Daher unterliegen ihr **nur** jene Fälle, in denen die Überschreitung tatsächlich auf eine **Ungenauigkeit des Kostenvoranschlages** zurückzuführen ist[19]. Bei Mehrkosten, die ihren Grund in einer anderen Vertragsverletzung des Architekten (z.B. in einer vertragswidrigen Projektabweichung; Nr. 165 ff.) haben, kann sich der Architekt demnach nicht auf die Toleranzgrenze berufen. Derartige Mehrkosten muss sich der Bauherr überhaupt nicht ("auch nicht einem gewissen Umfange") gefallen lassen[20].

---

16   Bindhardt/Jagenburg, N 181 zu § 6; Gauch, Überschreitung, S. 81; Pott/Frieling, Nr. 492; Schumacher, Nr. 635; Werner/Pastor, Nr. 1562.
17   So aber: Max. 1961, Nr. 15, S. 28.
18   Gauch, Überschreitung, S. 81.
19   Gauch, Überschreitung, S. 83; Schumacher, Nr. 641; Wingenfeld, S. 140.
20   Gauch, Überschreitung, S. 83.

190 2. Die Ungenauigkeit des Voranschlages kann auf verschiedenen Ursachen beruhen (Nr. 186). Deshalb stellt sich die Frage, ob der Architekt auch bei **vermeidbaren Fehler** im Voranschlag oder dessen Grundlagen (z.B. bei Rechenfehlern, bei ungenügender Abklärung des Baugrundes) von der Toleranzgrenze "profitieren" könne. Aufgrund der Tatsache, dass die Toleranzgrenze sich aus dem Prognose-Charakter des Voranschlages herleitet, könnte man zunächst dazu neigen, diese Frage zu verneinen[21]. Bei genauerer Überprüfung ergibt sich aber:

191 Ist einerseits der Genauigkeitsgrad des Voranschlages vertraglich festgelegt worden (Nr. 200 ff.), so schuldet der Architekt mangels anderer Abrede nur einen Voranschlag, der insgesamt den vertraglich verlangten Genauigkeitsgrad erreicht, nicht mehr, aber auch nicht weniger. Wurde andererseits der Genauigkeitsgrad des Voranschlages nicht vertraglich bestimmt, so hat der Architekt ihn so genau als möglich zu erstellen (Nr. 196), und zwar wiederum als Ganzes. Alsdann ist es nur recht und billig, wenn der Architekt allenfalls vermeidbare Fehler dadurch ausgleicht, indem er im übrigen die Veranschlagung der Kosten umso genauer vornimmt[22]. Schon aus diesen Gründen halte ich dafür, dass von der Toleranzgrenze nicht bloss unvermeidbare Fehler (z.B. Schätzungsfehler), sondern sämtliche Ungenauigkeiten des Voranschlages (oder dessen Grundlagen) abgedeckt sind[23].

192 Dazu kommt: Die Haftung für den (zu) ungenauen Voranschlag ist eine Vertrauenshaftung (Nr. 227 ff.). Nun darf sich aber der Bauherr regelmässig nicht auf die exakten Einhaltung des Voranschlages verlassen, sondern nur (aber immerhin) darauf, dass die vorhergesagte Bausumme nicht über eine bestimmte Grenze hinaus überschritten wird (Nr. 230). Der so umschriebene Vertrauensschutz, der sich aus dem Voranschlag ergibt, lässt indessen kaum mehr eine Unterscheidung zwischen vermeidbaren und unvermeidbaren Ungenauigkeiten des Voranschlages zu[24].

---

[21] So z.B. Bindhardt/Jagenburg, N 184 zu § 6; Schaub, S. 176; Schumacher, Nr. 641; Wingenfeld, S. 140 f.

[22] Gauch, Überschreitung, S. 83.

[23] Gauch, Überschreitung, S. 83; Lauer, S. 411. - Soweit ersichtlich, hat die Praxis hinsichtlich der Anwendbarkeit der Toleranzgrenze nie zwischen vermeidbaren und unvermeidbaren Ungenauigkeiten des Voranschlages unterschieden.

[24] Gauch, Überschreitung, S. 83, Lauer, S. 411.

193   Gleich verhält es sich mit Bezug auf die Kostenvorhersagen der vom Bauherrn beigezogenen Spezialisten (Nr. 68): Der Bauherr darf nur damit rechnen, dass sich diese Prognosen innerhalb einer bestimmten Toleranzgrenze halten, weshalb auch hier nur das Vertrauen des Bauherrn in die "relative Richtigkeit" (Nr. 230) dieser Kostenangaben geschützt ist. Der in diesem Sinne "beschränkte" Vertrauensschutz, den diese Kostenprognosen begründen, gilt meines Erachtens nicht bloss im Verhältnis Bauherr-Spezialist. Vielmehr kann er auch übergreifen auf die Beziehung Bauherr-Architekt, und zwar im Sonderfall, da sich der Architekt im Zusammenhang mit der Erarbeitung und Übernahme der Angaben der Spezialisten vertragswidrig verhält, indem er sie (die Angaben) zum Beispiel nicht hinreichend überprüft (Nr. 184). Denn auch hier ist ein schützenswertes Vertrauen des Bauherrn erst dann verletzt, wenn die für die Kostenangaben der Spezialisten massgebliche Toleranzgrenze überschritten wird. Deshalb spielt in diesem Fall die Grenze auch zugunsten des Architekten (und zulasten des Bauherrn). Entspricht der Genauigkeitsgrad für die Kostenprognosen der Spezialisten nicht demjenigen des Voranschlages des Architekten, was aber kaum vorkommt (Nr. 210), so "vergrössert" oder "verkleinert" sich nicht bloss der Vertrauensschutz des Bauherrn; das wirkt sich ebenso für den vertragswidrig handelnden Architekten aus, indem für ihn eine entsprechend kleinere oder grössere Tolerangrenze gilt.

2. Von der Festlegung der Toleranzgrenze bei fehlender Parteivereinbarung

194   Haben Architekt und Bauherr keine Abrede über die Toleranzgrenze getroffen, so ist diese vom Richter zu festzulegen. Die Rechtsprechung hat sich denn auch schon mehrfach mit dieser Frage befasst[25]; in Übereinstimmung mit der herrschenden Lehre[26] hat sie als Regel anerkannt, dass der Bauherr Überschreitungen der Bausumme, wie sie durch den Architektenvoranschlag bestimmt wurde, von bis zu **10%** tolerieren

---

25   Die SIA-Ordnung 102, Ausgabe 1969, enthielt eben noch keine Angaben über die Genauigkeitsgrade der Kostenprognosen des Architekten.

26   Gautschi, N 3a zu Art. 374 OR; Bollag, S. 83; Kreis, S. 122; Leuenberger, S. 81; Müller, S. 605; Schaub, S. 178; Schumacher, Nr. 636.

muss[27]. Diese auf der Lebenserfahrung beruhende Regel hat die Bedeutung einer "**Faustregel**" und damit keine absolute Geltung[28]. Denn:

195 Mit welcher Ungenauigkeit des Voranschlages der Bauherr zu rechnen hat, und wo deshalb die Toleranzgrenze liegt, hängt von den konkreten Umständen des Einzelfalles ab und richtet sich grundsätzlich "*nach Treu und Glauben im Geschäftsverkehr*"[29]:

196 - Nach diesem Kriterium darf der Bauherr vorab darauf vertrauen, dass der Architekt bei der Erstellung des Voranschlages lege artis vorgeht, und sein Voranschlag nachher denjenigen *Genauigkeitsgrad* aufweist, der bei richtiger und fachmännischer Vorgehensweise (insbesondere einer detaillierten Kalkulation) *normalerweise erreichbar* ist (Nr. 185). Allerdings beträgt dieser Genauigkeitsgrad nicht immer 10 %. Schon deshalb kann sich die Toleranzgrenze nach oben oder unten verschieben.

197 Zwar sind gewisse Zweifel angebracht, ob die "10%-Faustregel" bei Neubauten, wofür die Regel an sich zugeschnitten ist[30], immer noch passt; denn die dem Architekten zur Verfügung stehenden Hilfmittel, die zum "Handwerkszeug" dieses Berufsstandes gehören, ermöglichen vielfach eine Prognose, deren Genauigkeitsgrad über 10 % liegt[31]. Doch wird die "10%-Faustregel" von Rechtsprechung und Lehre[32], besonders

---

[27] BGE vom 16.12.1986 i.S. D. gegen L. und S., S. 7; Rep. 120, 1987, S. 216 (= BR 1988, S. 63 f., Nr. 62; betr. die Überschreitung des Kostenvoranschlages des Bauingenieurs); EGV 1985, Nr. 34, S. 102 (= BR 1987, S. 15 f., Nr. 5); GVP 1985, Nr. 44, S. 101 (= BR 1986, S. 61 f., Nr. 84); RJN 1980/81, S. 77 (= BR 1984, S. 13 f., Nr. 3); PKG, 1976, Nr. 10, S. 56 (= BR 1979, S. 10, Nr. 3); Extraits 1969, S. 75; Max. 1961, Nr. 15, S. 28; SJZ 53, 1957, S. 308, Nr. 153; ZBJV 86, 1950, S. 40.

[28] Gauch, Überschreitung, S. 83.

[29] Gauch, Überschreitung, S. 83; vgl. auch BGE 115 II 463; OR-Zindel/Pulver, N 10 zu Art. 375.

[30] Gauch, BR 1987, S. 16; Schumacher, Nr. 636.

[31] Kritisch (zur 10 %-Regel): ZWR 1985, S. 310 (= BR 1987, S. 15, Nr. 4) und Gautschi, N 12 zu Art. 375 OR.

[32] Vgl. die in Anm. 26 und 27 zitierte Literatur und Judikatur. - Das Bundesgericht spricht im BGE vom 16.12.1986 i.S. D. gegen L. und S., S. 7, sogar von der "üblichen Toleranzgrenze von 10 %" (so auch Schumacher, Nr. 635).

aber auch von der Baupraxis[33] derart einmütig anerkannt, dass aus Gründen der Rechtssicherheit an ihr festzuhalten ist. Hingegen gilt die Regel nicht, soweit sich der Voranschlag auf Umbau- und Sanierungsarbeiten bezieht; bei derartigen Vorhaben hat der Bauherr normalerweise grössere Abweichungen von Voranschlag zu billigen[34]. Mit der Tatsache allein, dass es sich bei der konkreten Neubaute um ein Grossbauvorhaben handelt, lässt sich indessen kein höherer Ungenauigkeitsgrad des Voranschlages (als 10 %) begründen[35]; denn bei derartigen Bauvorhaben sind regelmässig mehr verschiedenartige Leistungen in den Kostenvoranschlag einzubeziehen als bei normalen Neubauten (wie z.B. bei Ein- oder Mehrfamilienhäusern), weshalb sich allfällige Ungenauigkeiten umso eher ausgleichen[36].

198 Der normalerweise erreichbare Genauigkeitsgrad kann nicht bloss wegen der Eigenart des Bauvorhabens, sondern auch wegen des Planungsstandes unter oder über der Marge von 10 % liegen[37]. Darum sind zum Beispiel an den Genauigkeitsgrad eines Voranschlages, der teilweise schon auf verbindlichen Einheitspreisofferten beruht, grössere Anforderungen zu stellen, weshalb sich die Toleranzgrenze nach unten verschieben kann[38]. Umgekehrt muss der Bauherr einen höheren Ungenauigkeitsgrad der vom Architekten vorgelegten Kostenprognose in Kauf nehmen, sofern er sich bewusst mit einer bloss überschlägigen, nicht detaillierten Kostenvorausberechnung (z.B. einer kubischen

---

[33] Die Toleranz von 10 % (für Ungenauigkeiten des Voranschlages) fand denn auch Eingang in die SIA-Ordnungen 102 (Art. 4.2.5; vgl. auch SIA-Ordnung 103, Art. 3.7, und 108 Art. 4.2.2).

[34] ZWR 1985, S. 309 (= BR 1987, S. 15, Nr. 4); Gauch, Überschreitung, S. 83; Schumacher, Nr. 636; Werner/Pastor, Nr. 1565. - Anders (nämlich für 10 % bei Renovationen): RJN 1980/81, S. 77 (= BR 1984, S. 13 f., Nr. 3; mit kritischer Anmerkung von Tercier).

[35] Anders aber: Gauch, S. 83; Werner/Pastor, Nr. 1565.

[36] Vgl. Wright, S. 727; CRB, Kostenplanung, S. 13.

[37] BGE 115 II 463; Bindhardt/Jagenburg, N 183 zu § 6; Brandenberger/Ruosch, S. 133; Gauch, S. 83; Locher, Nr. 279; Pott/Frieling, Nr. 492; Werner/Pastor, Nr. 1565; Wingenfeld, S. 143.

[38] Gauch, Überschreitung, S. 83; Gautschi, N 3b zu Art. 374 OR.

Berechnung aufgrund des blossen Bauprojektes) zufrieden gegeben hat[39].

199 - Nach dem "Grundsatz von Treu und Glauben im Geschäftsverkehr" sind aber auch die *Erklärungen des Architekten* zu berücksichtigen, die er zu seinem Voranschlag abgegeben hat[40]. So engt der Architekt sich selbst die Toleranzmarge (zusätzlich) ein, wenn er zum Beispiel kundgibt, "der Kostenvoranschlag werde eher unterschritten, als überschritten"[41]. Gibt der Architekt gar eine Zusicherung über die Höchstkosten ab, indem er mitteilt, der Kostenvoranschlag werde "keinesfalls überschritten", so kann er sich überhaupt nicht auf die Toleranzgrenze berufen (Nr. 77).

3. Von der vertraglich bestimmten Toleranzgrenze

A. Im allgemeinen

200 *1.* Selbstverständlich steht es den Parteien frei, die Toleranzgrenze und deren Bedeutung durch **Vereinbarung** festzulegen (oder deren Anwendbarkeit gar völlig auszuschliessen)[42]. Ja, in Anbetracht der Unsicherheiten, die beim Fehlen einer entsprechenden Vereinbarung bestehen (Nr. 194 ff.), ist das sogar ratsam.

201 Ergeben sich alsdann Probleme, namentlich bezüglich der Bedeutung der Toleranzgrenze, so ist deren Sinn im Streitfall durch Auslegung zu ermitteln. Mangels anderer Anhaltspunkte ist aber anzunehmen, dass die verabredete Toleranzgrenze nur **den verlangten Genauigkeitsgrad des Voranschlages** bestimmt[43] und dass der Architekt den Vertrag verletzt, indem er einen Voranschlag vorlegt, der diesen Genauigkeitsgrad nicht

---

[39] Im BGE 115 II 462 betrug die deshalb hinzunehmende Ungenauigkeit 20 % und im Entscheid ZWR 1985, S. 309 f. (= BR 1987, S. 15 f, Nr. 4) sogar 25 % der geschätzten Baukosten.

[40] Werner/Pastor, Nr. 1564; Wingenfeld, S. 147.

[41] Gauch, Überschreitung, S. 83.

[42] Gauch, Überschreitung, S. 84; Oser/Schönenberger, N 2 zu Art. 375 OR; Schumacher, Nr. 643; Tercier, BR 1988, S. 64.

[43] Gauch, Überschreitung, S. 84.

erreicht. Ebenso ist davon auszugehen, dass Verteuerungen aus anderen Gründen als der Ungenauigkeit des Voranschlages von der vertraglich festgelegten Toleranzgrenze nicht erfasst sind[44].

202 2. Ohne anderslautende Abrede ändert selbst die Vereinbarung einer Toleranzgrenze nichts am Grundsatz, dass die Haftung für den (zu) ungenauen Kostenvoranschlag eine **Verschuldenshaftung** ist[45]. Deshalb kann sich der Architekt, der (vertragswidrig) seinen Voranschlag nicht mit der verabredeten Genauigkeit erstellt hat, mit dem Nachweis des fehlenden Verschuldens entlasten (Art. 97 Abs. 1 OR). Allerdings ist dieser Nachweis in der Praxis kaum je erbringbar (Nr. 157). Dies gilt umso mehr, als sich der Architekt nicht darauf berufen kann, der vertraglich vereinbarte Genauigkeitsgrad sei objektiv gar nicht erreichbar gewesen. Wenn dem tatsächlich so gewesen wäre, hätte der Architekt das (als fachkundige) Partei erkennen und von der Abmachung Abstand nehmen müssen[46].

B. Die "Toleranzregel"[47] von Art. 4.2.5 der SIA-Ordnung 102

a) Allgemeines

203 Die wohl bekannteste Vertragsbestimmung, die sich mit der Toleranzgrenze befasst, findet sich in **Art. 4.2.5 der SIA-Ordnung 102**. Gemäss dieser vorgeformten Vertragsregel ist "der Genauigkeitsgrad (mangels besonderer Vereinbarung +/- 10 %) ... mit den Spezialisten abzustimmen und zusammen mit den Beträgen für Unvorhergesehenes im Kostenvoranschlag zu nennen". Im einzelnen:

204 - Der vorformulierte *Genauigkeitsgrad* von +/- 10% ist deshalb *verbindlich*, weil die Parteien Art. 4.2.5 der SIA-Ordnung 102 zum

---

[44] Gauch, Überschreitung, S. 84.
[45] Gauch, Überschreitung, S. 84.
[46] Übernahmeverschulden (vgl. Derendinger, Nr. 282 ff.; Gauch/Schluep, Nr. 2757; Larenz, Schuldrecht I, S. 285; OR-Weber, N 26 zu Art. 398).
[47] Gauch, Überschreitung, S. 84.

Vertragsbestandteil gemacht[48] und eben "durch besondere Vereinbarung" keinen anderen Genauigkeitsgrad verabredet haben[49]. Beim vorgesehenen Genauigkeitsgrad handelt es sich aber nicht notwendigerweise um den Genauigkeitsgrad, der "gemäss den anerkannten Regeln des Fachgebietes"[50] möglich ist; dieser kann über, aber auch (z.B. bei Umbauten) unter der Marge von +/- 10% liegen (Nr. 197).

205 - Die Vorschrift verpflichtet den Architekten, im Kostenvoranschlag dessen *Genauigkeitsgrad zu nennen*. Diese Informationspflicht entbindet den Architekten aber nicht davon, den Voranschlag gemäss dem ursprünglich vereinbarten Genauigkeitsgrad (von z.B. +/-10 %) zu erstellen. Entspricht der vorgelegte Voranschlag diesen Anforderungen nicht, und hat der Architekt durch die Nennung eines neuen Genauigkeitsgrades darüber informiert, so steht es dem Bauherrn frei, ob er dennoch den Voranschlag für die Zukunft genehmigen will. Genehmigt er ihn, gilt von nun an der neue Genauigkeitsgrad[51].

206 - Ungeregelt ist die Frage, wie es sich verhält, falls der Architekt den *Genauigkeitsgrad des Voranschlages nicht nennt*. Diese Frage muss durch Auslegung (anhand der Umstände des Einzelfalles) beantwortet werden.

207   Keine Probleme bietet der Fall, da auch der Bauherr vom vorformulierten Genauigkeitsgrad von +/- 10 % ausgeht, weshalb sich die Parteien über den geltenden Genauigkeitsgrad tatsächlich einig sind; dann ist auf das gemeinsame Verständnis der Parteien abzustellen[52]. Für die verbleibenden Fälle bieten sich zwei Lösungen an:

208   Die eine Lösung besteht darin, dass gerade auch sie dem vorgeformten Genauigkeitsgrad von +/- 10 % unterworfen werden. Für diese Lösung spricht folgender Gedanke: Wird ein Genauigkeitsgrad im Voranschlag (von z.B. +/- 10 %) genannt und der Voranschlag nachher

---

[48] Gauch, Architekturvertrag, Nr. 62.
[49] Gauch/Schluep, Nr. 1139.
[50] SIA-Ordnung 102, Art. 1.6.
[51] Gauch, Überschreitung, S. 84, Anm. 55; von Tuhr/Escher, S. 33.
[52] Gauch/Schluep, Nr. 1200 mit Hinweisen.

ausdrücklich oder stillschweigend genehmigt, so erlangt die mitgeteilte Toleranzgrenze Vertragsgeltung[53]. Diese (individuelle) Abrede lässt aber eine generell vorformulierte Toleranz faktisch als überflüssig erscheinen[54], es sei denn, die vorgesehene Marge gelte ebenso, wenn der Genauigkeitsgrad nicht genannt und (darum) nicht genehmigt wird, weshalb keine individuelle Abrede über den Genauigkeitsgrad zustandekommt. Gegen diese Lösung spricht aber, dass die Pflicht zur Aufklärung über den Genauigkeitsgrad gemäss dem Wortlaut der Bestimmung ("der Genauigkeitsgrad ist ... zu nennen") nicht fakultativ, sondern obligatorisch ist.

209   Die andere - richtige - Lösung ist die: Darf (und muss) der Bauherr wegen der unterbliebenen Nennung der Toleranz (aber auch aufgrund des übrigen Verhaltens des Architekten) annehmen, der Voranschlag werde absolut genau eingehalten (oder es gelte ein grösserer Genauigkeitsgrad), so kann er in seinem Vertrauen geschützt werden[55]. Doch ist Zurückhaltung bei der Gewährung eines solchen Vertrauensschutzes geboten; denn es darf als allgemein bekannt vorausgesetzt werden, dass bei Voranschlägen des Architekten mit einer Überschreitung von bis zu 10 % zu rechnen ist (Nr. 194). Alsdann gilt die Toleranzgrenze von +/- 10 % deswegen, weil sie eben auch "üblich"[56] ist.

210 - Die Regel schreibt im weiteren vor, dass der Genauigkeitsgrad mit den (vom Bauherrn beigezogenen) *Spezialisten "abzustimmen"* ist. Das bedeutet für den Architekten im Hinblick auf die Festlegung des Genauigkeitsgrades seines Voranschlages: Er hat sich auch mit den Spezialisten abzusprechen, die ihm Kostenangaben für einzelne Bauteile liefern, und zwar so, dass ein gemeinsamer Genauigkeitsgrad aller Kostenangaben erreicht wird, die in den Voranschlag des Architekten

---

[53] Gauch, Überschreitung, S. 84 f., Anm. 56.

[54] Vgl. Gauch/Schluep, Nr. 1139.

[55] Ein schützenswertes Vertrauen verletzt der Architekt etwa dann, wenn es unterlässt, "den Bauherrn auf die Toleranz aufmerksam zu machen, obwohl er erkennt oder erkennen muss, dass dieser auf die absolute ('toleranzfreie') Richtigkeit des Voranschlages vertraut" (Gauch, Überschreitung, S. 81, Anm. 27).

[56] BGE vom 16.12.1986 i.S. D. c. L. und S., S. 7; Schumacher, Nr. 635.

aufgenommen werden. Sofern der Architekt (namentlich in seinem Voranschlag) nichts Gegenteiliges erklärt, darf der Bauherr deshalb annehmen, dass der vom Architekten im Voranschlag angegebene oder "mangels besonderer Vereinbarung" geltende Genauigkeitsgrad sich ebenso auf die Kostenangaben der Spezialisten bezieht[57].

211 Die blosse Nennung des mit den Spezialisten abgestimmten Genauigkeitsgrades löst aber noch keine Haftung des Architekten für deren Kostenangaben aus. Vielmehr bleibt es dabei, dass der Architekt erst dann ersatzpflichtig werden kann, wenn er sich im Zusammenhang mit der Erarbeitung und Übernahme der Kostenvorhersagen der Spezialisten vertragswidrig verhält (Nr. 184).

212 - Der Genauigkeitsgrad von +/- 10 % ist auf den detaillierten Kostenvoranschlag zugeschnitten (Nr. 49). Er kann aber auch dann Platz greifen, wenn der Architekt den Voranschlag *nicht in der vorgesehenen detaillierten Art*, sondern bloss aufgrund einer überschlägigen Kalkulation erstellt. Entscheidend ist diesbezüglich nämlich nicht so sehr die Form der Kostenprognose. Vielmehr kommt es wesentlich stärker darauf an, welche Bedeutung der Bauherr der vorgelegten Kostenermittlung beilegen darf und muss[58]. Gibt der Architekt zum Beispiel einem nicht fachkundigen Bauherrn gegenüber eine Kostenschätzung aufgrund der kubischen Berechnung als "Kostenvoranschlag nach SIA" aus, so darf dieser annehmen, dass auch für diese Kostenprognose der Genauigkeitsgrad gilt, den die SIA-Ordnung 102 für den Kostenvoranschlag vorsieht[59].

b) Die "Beträge für Unvorhergesehenes" im besonderen

213 *1.* Häufig ist im Voranschlag des Architekten eine **Position für "Unvorhergesehenes"** aufgeführt. In der Praxis werden dafür oft Beträge ausgewiesen, die sich in der Grössenordnung von etwa 5 % (für Neubauten)

---

[57] Vgl. auch Art. 3.7 der SIA-Ordnung 103, der den möglichen Genauigkeitsgrad der Kostenangaben des Bauingenieurs, die der Architekt in seinen Voranschlag zu übernehmen hat, auf +/- 10 % festsetzt.

[58] GVP 1985, Nr. 44, S. 101 (= BR 1986, S. 61 f., Nr. 84).

[59] EGV 1985, Nr. 34 S. 103 (= BR 1987, S. 15 f., Nr. 5).

bis 10 % (für Umbau- und Sanierungsvorhaben) der Gesamtsumme des Voranschlages bewegen[60].

214   2. Das **Verhältnis des "Spezialbetrages" für das "Unvorhergesehene" zum übrigen Voranschlag** (dem "Normalbetrag") ist im Streitfall durch Auslegung festzustellen. Insbesondere drei Möglichkeiten sind in Betracht zu ziehen:

215   - Mit der Aufführung eines speziellen Betrages für das "Unvorhergesehene" gibt der Architekt hinsichtlich gewisser Kosten einen *separaten Voranschlag* ab. Alsdann liegen zwei getrennte Voranschläge des Architekten vor: einer für den "Normalbetrag" und einer für das "Unvorhergesehene". Für jeden dieser beiden Voranschläge ist gesondert zu prüfen, ob eine haftungsrelevante Überschreitung gegeben ist. Unterschreitungen des einen Voranschlages vermögen Überschreitungen des anderen nicht wettzumachen. Dass die Position "Unvorhergesehenes" den Sinn eines separaten Voranschlages hat, ist indessen selten anzunehmen, es sei denn, die Parteien hätten für den "Normalbetrag" und den "Spezialbetrag" für "Unvorhergesehenes" gerade verschiedene Toleranzen vereinbart.

216   - Möglich ist, dass der Architekt das "Unvorhergesehene" deshalb heraushebt, weil er deutlich machen will, dass die entsprechenden *Kostenangaben nicht verlässlich* und darum nicht im (relativ) verbindlichen Voranschlag eingeschlossen sind.

217   - In den weitaus meisten Fällen bildet das "Unvorhergesehene" *Bestandteil des Kostenvoranschlages*[61]. Dadurch enthält der Voranschlag eine zusätzliche Information über seine Zusammensetzung. Weil das "Unvorhergesehene" zum Gegenstand des Voranschlages gehört, ist es (trotz dessen Heraushebung) miteinzubeziehen, wenn es um die Beantwortung der Frage geht, ob der Voranschlag des Architekten überhaupt ungenau ist (vgl. Nr. 181 f.). Darauf, dass das "Unvorhergesehene" als reine Spezifikation des Voranschlages zu

---

[60] EGV 1985, Nr. 34, S. 103 (= BR 1987, S. 15 f., Nr. 5); Brandenberger/Ruosch, S. 136.

[61] Brandenberger / Ruosch, S. 136.

verstehen ist, deutet etwa hin: dass auch diese Position ins Total des Voranschlages eingerechnet ist; oder dass der Architekt erklärt, die Toleranzmarge des (übrigen) Voranschlages gelte auch für das "Unvorhergesehene".

218 Eine derartige Spezifikation macht der Architekt zum Beispiel, wenn er unter der Position "Unvorhergesehenes" besondere Risiken wie etwa Wasserandrang im Baugrund, ungewöhnlicher Witterungsverlauf oder Erfordernis zusätzlicher Sicherheitsmassnahmen[62] nennt und in seinen Voranschlag integriert. Alsdann darf (und muss) sich der Bauherr namentlich darauf verlassen, dass auch diese Ereignisse, die (mindestens) in der Nähe der ausserordentlichen Umstände des Art. 373 Abs. 2 OR anzusiedeln sind[63], vom Voranschlag erfasst sind.

219 *3.* Vielfach führt der Architekt nur einen **Pauschalbetrag für "Unvorhergesehenes"** auf, ohne nähere Angaben über dessen Bedeutung. Das kann zum Beispiel so ausgelegt werden:

220 - Als *zusätzliche Reserve für Ungenauigkeiten des Voranschlages*[64], wovon auch das vom Architekten "Unvorhergesehene" erfasst ist, also das von ihm (z.B. infolge Projektierungsfehlern) Vergessene[65]. Eine solche Deutung setzt aber stets voraus, dass das "Unvorhergesehene" überhaupt Bestandteil des Voranschlages bildet (Nr. 217); sonst ergibt die Auslegung keinen vernünftigen Sinn[66].

221 Daraus folgt, dass allfällige Fehlkalkulationen des Architekten nicht bloss von der Toleranzmarge, die auf dem "Normalbetrag" gilt, sondern darüber hinaus (kumulativ) vom "Spezialbetrag" für das "Unvorhergesehene" aufgefangen werden[67]. Ausserdem kann die

---

[62] Gauch, Überschreitung, S. 84, Anm. 54.

[63] Vgl. Gauch, Werkvertrag, Nr. 737 und 745; OR-Zindel/Pulver, N 18 zu Art. 373.

[64] Brandenberger/Ruosch, S. 136; Schumacher, Nr. 648.

[65] Ablehnend: Schumacher, Nr. 647, der aber verkennt, dass der Voranschlag eben nur einen relativen Vertrauensschutz begründet.

[66] Vgl. Gauch/Jäggi, N 441 zu Art. 18 OR; Kramer/Schmidlin, 42 f. zu Art. 18 OR; Merz, N 125 zu Art. 2 ZGB; OR-Zeller, N 33 zu Art. 18.

[67] Schumacher, Nr. 648.

Auslegung ergeben, dass die Toleranzgrenze, die für den "Normalbetrag" spielt, auch auf den "Spezialbetrag" übergreift. Der Architekt verfügt somit über eine grössere Sicherheitsmarge. Für den Bauherrn bedeutet das Gesagte, dass er nur darauf vertrauen darf, dass der Voranschlag des Architekten, einschliesslich des "Unvorhergesehenen", nicht über eine bestimmte Toleranzgrenze hinaus überschritten wird. Ebensowenig wie die Toleranzgrenze schafft aber die Aufnahme der Position "Unvorhergesehenes" "einen Freiraum"[68] für Vertragsverletzungen, die wie die vertragswidrige Verursachung von Zusatzkosten in Wirklichkeit nichts mit dem Voranschlag des Architekten zu tun haben. - Einschränkend ist jedoch beizufügen:

222   Möglich ist auch, dass der Bauherr nach Treu und Glauben annehmen darf (und muss), das "Unvorhergesehene" sei gerade der Spielraum, innerhalb dem er eine Überschreitung des "Normalbetrages" zu dulden habe; dadurch werde die dem Voranschlag immanente Ungenauigkeit abgedeckt (Nr. 187). Diese Annahme kann (muss aber nicht !) namentlich dann gerechtfertigt sein, wenn der Architekt keinen Genauigkeitsgrad des Voranschlages nennt[69]. Alsdann "ersetzt" das "Unvorhergesehene" die Toleranzmarge; und der Bauherr braucht auch geringfügige Überschreitungen dieses Voranschlages nicht zu tolerieren.

223   Und ausserdem sei klargestellt, dass bei einer solchen Auslegung des "Unvorhergesehenen" der Gegenstand des Voranschlages an sich nicht auf Mehrkosten aus unvorhersehbaren Umständen (Art. 373 Abs. 2 OR) ausgedehnt wird (Nr. 41). Behauptet aber der Architekt, ein bestimmtes Ereignis stelle einen unvorhersehbaren Umstand dar, weshalb es nicht zum Voranschlag gehöre, und bestehen darüber Zweifel, so hat der Richter den entsprechenden Streitfall zugunsten des Bauherrn zu entscheiden[70].

224   - *Das für den Architekten objektiv "Unvorhersehbare"*[71]. Dafür kann der Umstand sprechen, dass der "Spezialbetrag" für das "Unvorhergesehene"

---

[68] Gauch, Überschreitung, S. 84.

[69] Schumacher, Nr. 650.

[70] Gauch, Überschreitung, S. 84, Anm. 54.

[71] Gauch, Werkvertrag, Nr. 741.

nicht den Sinn einer einigermassen verlässlichen Prognose hat, sondern nur aufzeigen will, dass es es "dann auch noch 'unvorhersehbare Umstände' (Art. 373 Abs. 2 OR) gibt, die das Bauvorhaben verteuern können !" Ist das "Unvorhergesehene" im Sinne des objektiv "Unvorhersehbaren" aufzufassen, und bildet es trotzdem Bestandteil des Voranschlages (Nr. 217), haftet der Architekt (aufgrund seiner Erklärung) auch dafür, dass er das nicht richtig vorhergesagt hat, was eigentlich (wie z.B. archäologische Funde im Baugrund) völlig unvorsehbar war[72]. Eine derartige Deutung des Begriffs "Unvorhergesehenes" widerspricht aber nicht bloss dessen Wortlaut, sondern in der Regel auch dem Vertrauensprinzip[73].

225   4. Auf dem Hintergrund der aufgezeigten Fälle muss nun auch **Art. 4.2.5 der SIA-Ordnung 102** gelesen, gesehen und verstanden werden. Darin wird der Architekt angewiesen, "Beträge für Unvorhergesehenes" auszuscheiden und "zusammen" mit dem Genauigkeitsgrad im Kostenvoranschlag zu nennen, ohne dass die Norm erklärt, was das soll. Da die SIA-Ordnung die "Beträge für Unvorhergesehenes" aber in einen Zusammenhang mit dem Genauigkeitsgrad setzt, nehme ich an, dass diese Beträge - soweit sie bloss pauschal aufgeführt werden - als zusätzliche Reserven für Ungenauigkeiten des Voranschlages (Nr. 220 f.) aufzufassen sind. Das gleiche Verständnis hinsichtlich der Bedeutung der "Beträge für Unvorhergesehenes" herrscht auch in Architektenkreisen vor[74], was meine Ansicht bestärkt[75].

III. Der zu ersetzende Schaden

1. Grundsatz: Ersatz des Vertrauensschadens

226   1. Der Kostenvoranschlag ist eine Auskunft (Nr. 25); die Haftung für den (zu) ungenauen Kostenvoranschlag eine *Haftung für falsche Auskunft*[76].

---

[72] Vgl. Gauch, Werkvertrag, Nr. 780 ff.
[73] Gauch, Überschreitung, S. 85.
[74] Vgl. Brandenberger/Ruosch, S. 136.
[75] Vgl. dazu Jäggi/Gauch, N 404 ff. zu Art. 18 OR
[76] Gauch, Überschreitung, S. 81.

227 Nach diesem **Prinzip**, das eine neuere Doktrin, insbesondere Gauch entwickelt hat, richtet sich die Architektenhaftung auf den **Ersatz des Vertrauensschadens**[77]. Zu ersetzen ist der Schaden, den der Bauherr deshalb erleidet, weil er auf die (relative; Nr. 230) Genauigkeit des Voranschlages vertraut und im falschen Vertrauen darauf nachteilige Dispositionen vornimmt oder vorteilhafte unterlässt[78].

228 2. Der betreffende Schaden ergibt sich etwa aus folgenden **Dispositionen des Bauherrn**: Er lässt die Baute so wie geplant ausführen, nicht auf eine andere (billigere) Weise oder überhaupt nicht (Grundfall; Nr. 235 ff.); er holt den Baukredit (nur) auf der Grundlage des Voranschlages ein, weshalb er für die Finanzierung der effektiven Gesamtkosten noch einen Zusatzkredit aufnehmen muss (Nr. 265); er reicht ein Subventionsgesuch ein, das mit zu tiefen Baukosten rechnet und deshalb entgehen ihm Subventionen (Nr. 265). Die Ausführung der Baute, deren Erstellungskosten zu ungenau veranschlagt wurden, kann den Bauherrn zum Beispiel überdies veranlassen, vom Kauf eines anderen Hauses oder einer Eigentumswohnung abzusehen, seine günstige Mietwohnung aufzugeben, eine bevorstehende Heirat zu verschieben, auf Kinder zu verzichten, einen Wechsel des Wohnorts oder des Geschäftsdomizils vorzunehmen, sich beruflich zu verändern, sein (ihm teures) Segelschiff zu verkaufen.

229 Das wiederum wirft die schwierig zu beantwortende Frage auf nach der *Grenze des Vertrauensschutzes*, den der Voranschlag begründet. Dieses Problem, das die Adäquanz zwischen Vertragsverletzung und Schaden beschlägt[79], kann nicht begrifflich, sondern nur wertend angegangen werden[80]. Um die Haftung "vernünftig"[81] zu begrenzen, erscheint es danach gerechtfertigt, für die Ermittlung des zu ersetzenden Schadens nur solche Dispositionen des Bauherrn in Betracht zu ziehen, mit denen aus der Sicht des Architekten zu rechnen war[82], sicher alle Dispositionen im

---

[77] Gauch, Überschreitung, S. 81; Wingenfeld, S. 148; vgl. auch Kaiser, S. 186.
[78] Honsell, Probleme der Haftung für Auskunft und Gutachten, in: JuS 1976, S. 622.
[79] Kaiser, S. 63.
[80] BGE 115 II 447 f.; Gauch/Schluep, Nr. 2714, Oftinger I, S. 77.
[81] Oftinger I, S. 74.
[82] Vgl. dazu Gauch, Menschenbild, S. 198 f.

Zusammenhang mit der Ausführung der Baute, allenfalls auch geschäftliche oder berufliche Veränderungen.

230   3. Soweit der Bauherr um die mögliche Ungenauigkeit des Voranschlages (z.B. durch die Nennung eines Genauigkeitsgrades durch den Architekten) weiss oder wissen muss, darf er nicht mit dessen exakten Einhaltung rechnen. Deshalb ist in der Regel nur das Vertrauen des Bauherrn zu schützen, dass sich der Voranschlag innerhalb der Toleranzgrenze hält. Schützenswert ist also bloss das **Vertrauen in die relative Richtigkeit des Voranschlages**[83]. Solange die Toleranzgrenze nicht überschritten wird, trifft den Architekten demzufolge nicht bloss deswegen keine Ersatzpflicht, weil keine haftungsbegründende Vertragsverletzung vorliegt (Nr. 187), sondern auch deshalb, weil kein schützenswertes Vertrauen des Bauherrn verletzt wird.

231   Die vorher aufgestellte Regel gilt indessen nicht ohne *Ausnahmen*: Darf (und muss) sich der Bauherr wegen der unterlassenen Aufklärung über die mögliche Ungenauigkeit des Voranschlages (Nr. 209 und 222) auf die absolute ("toleranzfreie") Exaktheit des Voranschlages verlassen, so ist er in *diesem* Vertrauen zu schützen. Die gleiche Rechtslage besteht im Fall, da die Parteien die Anwendung der Toleranzgrenze durch Vereinbarung ausgeschlossen haben.

232   4. Fehlt es am Vertrauensschaden, so trifft den Architekten **keine Ersatzpflicht**. So entfällt die Ersatzpflicht des Architekten immer dann, wenn der Bauherr auf die Genauigkeit des Voranschlages überhaupt *nicht vertraut* hat, sich also in seinen Dispositionen nicht vom Voranschlag beeinflussen liess, weil er um dessen Unrichtigkeit wusste oder ihn gar nicht zur Kenntnis nahm[84]. Ebensowenig wird der Architekt ersatzpflichtig, wenn auch eine genügend genaue Kostenvorhersage nichts am Verhalten des Bauherrn geändert hätte[85], da ihm zum Beispiel die Kostenfrage gleichgültig war.

---

[83] Gauch, Überschreitung, S. 81.

[84] Gauch, Überschreitung, S. 82.

[85] Gauch, Überschreitung, S. 82; Locher, Baurecht, Nr. 281; Tercier, BR 1988, S. 64; Werner/Pastor, Nr. 1569.

233 Ausserdem setzt der Vertrauensschaden stets eine *negative Differenz* voraus zwischen dem gegenwärtigen Vermögensstand und dem mutmasslichen Stand, den das Vermögen des Bauherrn dann haben würde, wenn er anders disponiert hätte, als er es im Vertrauen auf die relative Richtigkeit des Voranschlages tat[86]. Fehlt es daran, so hat der Bauherr trotz der Vertrauensverletzung und der (allenfalls massiven) Überschreitung des Voranschlages kein Schadenersatzrecht.

234 5. Die **gängige Praxis** nimmt einen anderen Standpunkt ein: Sie sieht den Schaden grundsätzlich in den massgeblichen Mehrkosten, um die der Voranschlag (über die Toleranzgrenze hinaus) überschritten wird[87]. Der so ermittelte Schadensbetrag wird alsdann regelmässig halbiert, um auch der Wertsteigerung Rechnung zu tragen, die das Grundstück des Bauherrn durch die tatsächlich ausgeführte Baute erfährt[88]. Diese Lösung ist zwar "praktisch", jedoch im Ansatz falsch. Denn sie verkennt, dass die Vertragsverletzung des haftbaren Architekten nicht in der Verursachung dieser Mehrkosten, sondern "bloss" darin liegt, dass er den Bauherrn über die mutmasslichen Baukosten nicht genügend genau informiert[89]. Zudem übersieht die gängige Gerichtspraxis, dass der Schaden, der dem Bauherrn bei einem (zu) ungenauem Voranschlag erwächst, auch in anderen Vermögensnachteilen (vgl. Nr. 255 ff.) bestehen kann[90].

---

[86] Gauch, Überschreitung, S. 83.

[87] BGE vom 16.12.1986 i.S. D. c. L. und S., S. 5 ff.; BGE vom 22.1.1982 i.S. P. c. M., S. 10; Rep. 120, 1987, S. 217 (= BR 1988, S. 63 f., Nr. 62); EGV 1985, Nr. 34, S. 106 (= BR 1987, S. 15 f., Nr. 5); GVP 1985, Nr. 44, S. 101 ff. (= BR 1986, S. 61 f., Nr. 84); ZWR 1985, S. 310 ff. (= BR 1987, S. 15 f., Nr. 4); RJN 1980/81, S. 77 (= BR 1984, S. 13, Nr. 3); PKG 1976, Nr. 10, S. 57 (= BR 1979, S. 10, Nr. 3); Extraits 1969, S. 76; Max 1961, Nr. 15, S. 28 f.

[88] Rep. 120, 1987, S. 217 (= BR 1988, S. 63 f., Nr. 62); ZWR 1985, S. 310 (= BR 1987, S. 15 f., Nr. 4); RJN 1980/81, S. 77 (= BR 1984, S. 13 f., Nr. 3); PKG 1976, Nr. 10, S. 57 (= BR 1979, S. 10, Nr. 3); Extraits 1969, S. 76, der diese Praxis einleitete.

[89] Gauch, Überschreitung, S. 82.

[90] Deshalb ist auch der Vorschlag von Leuenberger, S. 81, abzulehnen, wonach der Richter eine Regel nach Art. 1 Abs. 2 ZGB schaffen solle, dass dem Kostenvoranschlag die Bedeutung einer Baukostengarantie zukomme, weshalb der Bauherr - unabängig von der Wertsteigerung an seinem Grundstück - Anrecht auf den Ersatz der Kosten habe, welche die garantierte Bausumme zuzüglich Toleranzmarge übersteigen.

2. Die Bestimmung des zu ersetzenden Schadens

A. Im Grundfall

235   1. Was die Bestimmung des zu ersetzenden Schadens angeht, so behandle ich zunächst den Grundfall, der in der Praxis auch die grössten Probleme bereitet. Dieser weist drei **Merkmale** auf: Es stellt sich während oder nach der Bauausführung heraus, dass der Kostenvoranschlag überschritten wird oder ist; der Bauherr hält (allenfalls gezwungenermassen; vgl. Nr. 244) an seiner Liegenschaft fest, veräussert sie also nicht[91]; er macht aber geltend, bei einem genügend genauen Voranschlag hätte er das Bauvorhaben auf billigere Weise realisiert, oder behauptet gar, er hätte ganz auf die Ausführung der Baute verzichtet.

236   2. Der (behauptete) **Vertrauensschaden** (Nr. 227) setzt voraus, dass der Bauherr bei einem genügend genauen Voranschlag seine Bauabsichten überhaupt geändert hätte. Im einzelnen:

237   - Es ist eher selten anzunehmen, dass der Bauherr auch bei einem hinreichend genauen Voranschlag *ganz* auf die Durchführung des Bauvorhabens *verzichtet* hätte. Dagegen spricht nämlich nicht bloss die Tatsache, dass der Bauherr bis zur Vorlage des Voranschlages beträchtliche Mittel in die Planung des Bauwerkes investiert hat, sondern vor allem, dass der Bauherr in diesem Zeitpunkt schon im Besitz der Baubewilligung ist[92]; und wenn die Baubewilligung einmal vorliegt, wird erfahrungsgemäss nur in Ausnahmefällen ganz auf die Verwirklichung des Vorhabens verzichtet. Das Gesagte gilt aber dann nicht, wenn der Bauherr zur Veräusserung der an sich preisgünstig ausgeführten Baute gezwungen wird (vgl. Nr. 259 ff.) oder eine (wiederum günstige) Baute wegen Erschöpfung seiner Mittel nicht mehr vollenden kann (vgl. Nr. 245); in diesen Fällen ist zu vermuten, dass der Bauherr bei einer richtigen Kosteninformation (trotz der Baubewilligung) überhaupt nicht mit der Ausführung der Baute begonnen hätte; denn kein "vernünftiger" Bauherr lässt sich auf das "Abenteuer Bau" ein, um schliesslich weder

---

[91]   Dieser Sachverhalt lag auch den in Anm. 87 zitierten Urteilen zugrunde.

[92]   SIA-Ordnung 102, Art. 4.2.

Grundstück noch Baute oder ein bloss unvollendetes Bauwerk zu besitzen.

238 - Hingegen drängt sich vielfach der Schluss auf, dass der Bauherr bei frühzeitiger Kenntnis der effektiven Kosten *billiger gebaut* hätte: Fast alle Bauherrn verfolgen ein bestimmtes Kostenziel. Entsprechen die im Voranschlag ausgewiesenen mutmasslichen Baukosten den Kostenvorstellungen des Bauherrn, so wird er den Voranschlag ohne weiteres genehmigen. Übersteigen indessen die veranschlagten Kosten das Budget des Bauherrn, so bleibt dieser erfahrungsgemäss nicht untätig; sofern der Bauherr nicht ausnahmsweise das Vorhaben ganz fallen lässt, verlangt er Massnahmen zur Kostenreduktion wie etwa Projektänderungen (z.B. die Reduktion des Bauvorhabens) oder "Ausschreibungen"[93] mit anderen (preisgünstigeren) Materialien als anfänglich vorgesehen. Auch vom Bauherrn, der sich zu Unrecht auf die Richtigkeit des Voranschlages verlassen hat, darf vermutet[94] werden, er hätte bei einer richtigen Kostenauskunft das nach allgemeiner Lebenserfahrung zu erwartende Verhalten[95] zutage gelegt, also noch vor der Bauausführung kosteneinsparende Dispositionen getroffen, damit das Bauvorhaben seinen Kostenvorstellungen entsprochen hätte. Die Annahme des mutmasslichen Willens zur Kosteneinsparung ist unter Umständen dann nicht mehr gerechtfertigt, wenn der Bauherr über die Gefahr einer möglichen Kostenüberschreitung (z.B. durch Anzeige des Architekten) klare Kenntnis hatte und trotzdem keine möglichen und zumutbaren Massnahmen[96] dagegen ergriff[97].

239 Für die Bestimmung des (hypothetischen) Betrag, den der Bauherr aufgewendet hätte, falls er billiger gebaut hätte, ist namentlich auf dessen konkretes Baubudget abzustellen. Vielfach stimmt es gerade mit

---

[93] SIA-Ordnung 102, Art. 4.3.2.

[94] Dabei handelt es sich um eine tatsächliche Vermutung (vgl. Kummer, N 362 ff. zu Art. 8 ZGB).

[95] Vgl. BGE 115 II 448.

[96] Beispiele für zumutbare Einsparmassnahmen: Verzicht auf den geplanten Ausbau des Keller- oder Estrichgeschosses; Verzicht auf luxuriöse Bauteile (wie z.B. Marmorböden); Verzicht auf die vorgesehene Errichtung des Swimming-Pools.

[97] BGE vom 16.12.1986 i.S. D. c. und S., S. 5; Locher, Baurecht, Nr. 281.

den (mutmasslichen) Baukosten überein, die durch den (zu ungenauen) Voranschlag bestimmt wurden. Mindestens aber ist zu vermuten, dass der Bauherr nicht so teuer gebaut hätte, dass er sich dadurch in eine finanzielle Notlage gebracht hätte (vgl. Nr. 251 f., Nr. 278).

240 3. Der Schadenersatzanspruch des Bauherrn setzt schliesslich eine **negative Differenz** voraus zwischen seiner jetzigen Vermögenslage und der mutmasslichen Vermögenslage, in der er sich befinden würde, falls er billiger oder überhaupt nicht gebaut hätte[98].

241 Grundsätzlich liegt die Differenz nicht schon deshalb vor, weil der Bauherr höhere Kosten zu tragen hat als bei der mutmasslich gewählten billigeren Bauausführung. Vielmehr besteht die haftungsauslösende Verschlechterung seiner Vermögenslage erst dann, wenn die effektiv ausgeführte Baute keine kostenäquivalente *Wertsteigerung* an seinem Grundstück bewirkt[99].

242 Was nun die Festlegung des einschlägigen Wertes neu errichteter Bauten anbelangt, so stellt die herrschende Praxis in der Regel vollumfänglich auf deren Erstellungskosten ab[100], und zwar zu Recht: Denn die Anwendung dieser Methode der Wertbestimmung drängt sich schon deshalb auf, weil es für die Wertermittlung von Bauten einfach keine anderen tauglichen Bestimmungsgrössen gibt. Die Methode befriedigt aufs Ganze gesehen, namentlich bei öffentlichen Bauten, auch mit Rücksicht auf das Postulat einer praktikablen Rechtsanwendung, wenngleich die Erstellungskosten nicht immer dem Verkehrswert entsprechen (weil ein solcher wie z.B. für Kirchen überhaupt nicht besteht).

243 Berücksichtigt man aber den (so festgelegten) Wert der Baute, so besteht keine negative Diffenz zwischen dem gegenwärtigen und dem

---

[98] Gauch, Überschreitung, S. 82.

[99] BGH, in: BauR 1979, S. 75; Steinert, S. 552 f.; vgl. auch Gauch, Überschreitung, S. 85. - Völlig anders aber Lauer, S. 411: "Der eigentliche Schaden des Bauherrn ergibt sich dann aus einer einfachen Subtraktion. Er stellt sich als Differenz zwischen den tatsächlichen Kosten des Bauwerkes und der um die Toleranzgrenze erweiterten ursprünglich angegebenen Bausumme dar. Ein Vorteilsausgleich findet nicht statt" (so auch Leuenberger, S. 81).

[100] BGH, in: BauR 1979, S. 74 ff.; Gauch, S. 85; Locher, Baurecht, Nr. 282; Wingenfeld, S. 148; vgl. auch Kunz, S. 147, und Nägeli/Hungerbühler, S. 21. - Kritisch (aber ohne Gegenvorschlag): Schumacher, Nr. 678.

(hypothetischen) Vermögensstand, in dem sich der Bauherr befinden würde, falls er billiger oder überhaupt nicht gebaut hätte[101]. Die Berücksichtigung des Vermögensvorteiles, den der Bauherr im *Mehrwert* seines Grundstückes (mit der tatsächlich ausgeführten Baute) besitzt, *"beseitigt"* somit im Regelfall den Schaden[102]. Zu beachten ist aber immer:

244 - Bei Bauarbeiten, "die lediglich der Verschönerung, der Ansehnlichkeit der Sache oder der Bequemlichkeit im Gebrauch dienen" (Art. 647 e Abs. 1 ZGB)[103], erfährt die Baute (und damit das Grundstück) des Bauherrn nur selten eine Wertsteigerung, die den dafür aufgewendeten Kosten entspricht[104]. Die Differenz zwischen Kosten und Wert ist Schaden, den der Architekt dem Bauherrn ersetzen muss, den er mit seinem (zu) ungenauen Voranschlag "zum *Luxus* verführt" hat[105].

245 - Es kommt auch vor, dass der Bauherr die Baute wegen Erschöpfung seiner finanziellen Mittel (samt Kredit) nicht mehr fertigzustellen und sie auch nicht zu veräussern vermag. Für die schadensbestimmende Wertermittlung darf bei *unvollendeten Bauten* nicht einfach auf die aufgewendeten Kosten abgestellt werden, sondern es ist eine Bewertung im Einzelfall vorzunehmen. Insbesondere ist zu prüfen, inwieweit die vom Bauherrn bezahlten Leistungen für die Weiterführung des Bauvorhabens verwertbar sind. Soweit der Bauherr einem Unternehmer Ersatz nach Art. 377 OR (wegen vorzeitiger Vertragsauflösung) leisten muss[106], fehlt es überhaupt an einem anzurechnenden Vermögensvorteil des Bauherrn; deshalb darf der Bauherr diesen Schaden grundsätzlich ganz auf den (ihm gegenüber haftbaren) Architekten abwälzen. Gleiches gilt

---

101 BGH, in: BauR 1979, S. 74 ff; Wingenfeld, S. 148; vgl. auch Steinert, S. 553.

102 Gauch, Überschreitung, S. 85.

103 "Diskutable Geschmacks- und Liebhabersachen" (GVP 1985, Nr. 44, S. 104 = BR 1986, S. 61, Nr. 84).

104 Meier-Hayoz, N 1 zu Art. 647 e ZGB; Nägeli/Hungerbühler, S. 126 f.; Schumacher, Nr. 674; Steinert, S. 557.

105 Vgl. Schumacher, Nr. 674.

106 Vgl. dazu Gauch, Werkvertrag, Nr. 397 ff.

mit Bezug auf einen allfälligen "merkantilen Minderwert", den die unvollendete Baute aufweist[107].

246 - Ausserdem ist möglich, dass der Bauherr bei einer hinreichend genauen Kostenauskunft während der Submission zusätzliche Sparmassnahmen ergriffen hätte, die überhaupt keine Werteinbusse an der Baute bewirkt hätten. Zu denken sind etwa an die Durchführung einer "Abgebotsrunde" oder an die Einhandlung zusätzlicher Rabatte. Der Schaden des Bauherrn besteht alsdann in den Kosten, die durch entsprechende *(wertneutrale) Dispositionen* mutmasslich hätten eingespart werden können.

247 *4.* Entspricht der "Gegenwert" (die Wertsteigerung am Grundstück des Bauherrn) den aufgewendeten Kosten, so stellt sich schliesslich die Frage, inwieweit **aus normativen Gründen** von der Berücksichtigung dieses Vermögensvorteiles abgesehen werden kann. Im einzelnen:

248 - Das Gesetz selber, insbesondere Art. 42 OR, enthält keine Definition des Schadens, sondern setzt den Schadensbegriff als bekannt voraus. In Lehre und Rechtsprechung wird diese Lücke durch die "Differenzhypothese" gefüllt[108]. Doch besteht in der modernen Schadenslehre überwiegend die Tendenz, die "Differenzhypothese für rechtliche Korrekturen zu öffnen"[109], also nicht mehr bloss die Gesamtvermögensstände vor und nach dem schädigenden Ereignis zu vergleichen, sondern auch normative Kriterien einfliessen zu lassen. Namentlich für den Bereich der Vorteilsausgleichung (Nr. 160) wird durchwegs anerkannt, dass dieses Problem *grundsätzlich durch wertende Betrachtungsweise* angegangen werden muss[110].

---

[107] Vgl. dazu Gauch, Werkvertrag, Nr. 1145.

[108] BGE 116 II 444; 115 II 481; 104 II 99; Gauch/Schluep, Nr. 2625 mit weiteren Verweisen.

[109] Gauch/Schluep, Nr. 2635.

[110] Brunner, Nr. 175; Kuhn, Anrechnung, S. 37; Schaer, Nr. 245; Thiele, S. 195; vgl. auch BGE 112 Ib 330.

249 - Die deutsche Literatur[111] fasst die Wertsteigerung am Grundstück des Bauherrn als "aufgedrängten Vermögenszuwachs" auf und leitet daraus ab, dass der Bauherr dafür insoweit nicht ausgleichspflichtig wird, als das unter dem Gesichtspunkt von Treu und Glauben unzumutbar erscheint. Dieser Gedanke wurde auch von schweizerischen Autoren übernommen[112].

250 Der Ausdruck "aufgedrängter Vermögenszuwachs" (und der in diesem Zusammenhang auch verwendete Begriff "aufgedrängte Bereicherung"[113]) darf nicht zum Schluss verleiten, es stelle sich hier ein Problem, das mittels der Regeln über die ungerechtfertigte Bereicherung (Art. 62 ff. OR) angegangen werden müsse[114]. Vielmehr ist zu betonen, dass es hier allein um die Frage des Schadens geht[115]. Dessen Wesensmerkmal besteht eben auch darin, dass er ungewollt eintritt[116] und damit "aufgedrängt" wird. Das ändert jedoch nichts daran, dass das Postulat an sich richtig ist, wonach die Anrechnung der Wertsteigerung *"ihre Grenze im nach Treu und Glauben Zumutbaren findet"*[117].

251 - Das Postulat bedarf der Konkretisierung. Den Weg dazu weist meines Erachtens Art. 44 Abs. 2 OR. Nach dieser Bestimmung kann der Richter die Ersatzpflicht ermässigen, wenn der Geschädigte "durch die Leistung des Ersatzes" in eine Notlage geraten würde. Es besteht nun aber kein Grund, die Wohltat des Art. 44 Abs. 2 OR (so wie es gesetzlich angeordnet ist) nur dem Schädiger zukommen zu lassen, nicht aber umgekehrt dem Geschädigten, zumal dieser noch gesteigerten Schutz verdient. Daher kann in Übertragung des in Art. 44 Abs. 2 OR enthaltenen Gedankens (aber in personeller Umkehr)

---

[111] Bindhardt/Jagenburg, N 196 zu § 6; Locher, Bausummenüberschreitung, S. 1698; Steinert, S. 554; Werner/Pastor, Nr. 1571.

[112] Brunner, Nr. 181; Gauch, Überschreitung, S. 85; Schumacher, Nr. 680 f.; Trümpy, S. 141.

[113] Gauch, Überschreitung, S. 85, Werner/Pastor, Nr. 2255.

[114] So aber: Schumacher, Nr. 680.

[115] Thiele, S. 197.

[116] Gauch/Schluep, Nr. 2624.

[117] Brunner, Nr. 180.

formuliert werden, dass die Anrechnung der Wertsteigerung insoweit zu unterbleiben hat, als sie (die Anrechnung) und die damit verbundene Verneinung der Ersatzpflicht des Architekten den Bauherrn in eine Notlage bringen würde[118]. In allen übrigen Fällen erscheint mir die Anrechnung der Wertsteigerung für den Bauherrn durchaus zumutbar. Oder anders gesagt: Ein ersatzfähiger Schaden liegt immer und nur dann vor, wenn der unerwartete Kostenaufwand zu einer *finanziellen Notsituation beim Bauherrn* führt.

252 - Ob nun eine Notlage des Bauherrn besteht, die es durch die Ersatzleistung des Architekten zu beseitigen gilt, ist anhand der *konkreten Einkommens- und Vermögensverhältnisse des Bauherrn* zu beurteilen[119]. Dabei liegt es nahe, sich namentlich an den Grundsätzen zu orientieren, die das Bundesgericht zum Begriff der "grossen Bedürftigkeit" (Art. 152 ZGB) entwickelt hat. So ist eine Notlage zu bejahen, falls das Einkommen des Bauherrn wegen der unerwarteten Verteuerung (insbesondere des sich daraus ergebenden höheren Zinsaufwandes) nicht ausreicht, um seinen erweiterten Notbedarf zu decken, der umfasst: Existenzminimum nach Art. 93 SchKG (einschliesslich Hypothekarzinsen[120]), zuzüglich Steuern und

---

[118] In diesem Sinne auch Bindhardt/Jagenburg, N 196 zu § 6; Locher, Bausummenüberschreitung, S. 1698; Pott/Frieling, Nr. 501; Schumacher, Nr. 680; Werner/Pastor, Nr. 1571. - Etwas anders: Gauch, Überschreitung, S. 85, der Art. 672 Abs. 3 ZGB sinngemäss anwenden will, indem dem Bauherrn "nicht die objektive Wertsteigerung des Grundstückes anzurechnen ist, sondern bloss das, was das Grundstück für ihn persönlich (also subjektiv) mehr wert ist" (zustimmend: Brunner, Nr. 181). Die Unterschiede zwischen der Auffassung von Gauch und meiner Ansicht verwischen sich aber zum grössten Teil: Dem Bauherrn ist die Baute dann nämlich nicht so viel wert, wie er dafür bezahlt hat, wenn er sich wegen des (unverändert ausgeführten) Baus in einer Notlage befindet. Gauch, Überschreitung, S. 85, nimmt denn auch ausdrücklich einen Mehrwert von der Anrechnung aus, dessen Berücksichtigung zu einer untragbaren finanziellen Belastung (also zu einer Notlage) des Bauherrn führt.

[119] Gauch, Überschreitung, S. 85; Locher, Baurecht, Nr. 283; Schumacher, Nr. 680; Werner/Pastor, Nr. 1571.

[120] Richtlinien der Konferenz der Betreibungs- und Konkursbeamten der Schweiz für die Berechnung des betreibungsrechtlichen Existenzminimums vom 1. April 1992, S. 2. - Zum Existenzminimum gehören auch die öffentlich-rechtlichen Abgaben und die (durchschnittlichen) Unterhaltskosten für eine Liegenschaft.

laufende Versicherungen plus 20 %[121]. Alsdann erscheint es gerechtfertigt, dass der Architekt dem Bauherrn die Differenz zwischen dessen Einkommen und dessen (erweiterten) Notbedarf für eine gewisse - nach dem Ermessen des Richters (Art. 42 Abs. 2 OR) zu bestimmende - Dauer zu ersetzen hat[122]. Analoges gilt für Unternehmungen, die (wegen der überraschend hohen) Baukosten in derart grosse Liquiditätsprobleme geraten, dass sie in ihrer Weiterexistenz bedroht sind. Ist der Bauherr dagegen ohne weiteres in der Lage, den unerwarteten Kostenaufwand und die sich daraus ergebende zusätzliche Zinsbelastung zu tragen, so besteht (mangels Schaden) keine Ersatzpflicht des Architekten. Das gleiche gilt, wenn der Bauherr mit der Vermietung der Baute einen angemessenen Ertrag (Art. 269 OR) erzielt. Der Bauherr besitzt - da sich seine Vermögenslage nicht verschlechtert hat - selbst dann keinen Ersatzanspruch, wenn er den gewohnten Lebensstandard etwas senken und zum Beispiel auf teure Ferienreisen oder Hobbies verzichten muss[123]; dies umso mehr, als dieser Nachteil normalerweise durch den grösseren Wohnkonfort ausgeglichen wird, den der Bauherr wegen des Baus hat.

253 - Vom geschädigten Bauherrn (Nr. 251 f.) darf schliesslich auch im Rahmen der *Schadenminderungspflicht*[124] nicht verlangt werden, dass er seine überbaute Liegenschaft veräussert. Das ist nicht bloss unzumutbar[125]. Vielmehr steht eine derartige Forderung auch mit der sachenrechtlichen Verfügungsfreiheit des Grundeigentümers im Widerspruch[126].

---

[121] Vgl. Spühler/Frei, Berner Kommentar zum schweizerischen Privatrecht, Bd. II, 1. Abt., 1. Teilband, Die Ehescheidung, Ergänzungsband, Bern 1991 (Kommentar zu Art. 137 - 158 ZGB), N 10 zu Art. 152 ZGB.

[122] Bindhardt/Jagenburg, N 196 zu § 6; Locher, Bausummenüberschreitung, S. 1698.

[123] Vgl. Gauch/Schluep, Nr. 2657. - Anders: Schumacher, Nr. 680.

[124] Merke: Die unterlassene Schadenminderung hat an sich mit der "Festsetzung des Schadens" (Art. 42 Abs. 1 OR) nichts zu tun, sondern nur Auswirkungen auf die Höhe der Ersatzpflicht (Art. 44 Abs. 1 OR).

[125] BGE vom 22.1.1982 i.S. P. c. M., S. 12; Schumacher, Nr. 681.

[126] Gauch, Überschreitung, S. 85.

254   5. **Gesamthaft betrachtet**, ist es vielfach gerechtfertigt, dem Bauherrn die Wertsteigerung an seinem Grundstück anzurechnen[127], weshalb im Grundfall die Ersatzpflicht häufig darum entfällt, weil kein Schaden vorliegt. Gegen diese Betrachtungsweise lässt sich nicht einwenden, dass die Prävention vor Kostenüberschreitungen nicht mehr gewährleistet sei. Das stimmt schon deshalb nicht, weil es eben auch Fälle gibt, in denen der Architekt, der einen (zu) ungenauen Voranschlag unterbreitet, tatsächlich ersatzpflichtig wird (vgl. Nr. 244 ff. und 255 ff.). Zudem ist die Haftungssituation des Architekten aufgrund des geltenden Rechts zu beurteilen, das aber dieser Forderung - richtigerweise - nicht (z.B. mit einer speziellen Norm) Rechnung trägt. Abgesehen davon muss sich der pflichtvergessene Architekt eine Vergütungsreduktion gefallen lassen (Nr. 357 ff.), und die Aussicht, für eine ungenügende Arbeitsleistung nur eine gekürzte Vergütung zu erhalten, hat sicher auch "abschreckende" Wirkung[128]. Und schliesslich steht es den Parteien frei, die Folgen einer allfälligen Überschreitung des Kostenvoranschlages durch Vereinbarung zu regeln und insbesondere für den Haftungsfall die Berücksichtigung der Wertsteigerung wegzubedingen (Nr. 327)[129].

B. In anderen Fällen

255   *1.* Manchmal zeigt es sich schon bei der **Submission**, namentlich bei der Einholung der Baumeisterofferten, dass der Voranschlag (zu) ungenau ist. Das wiederum veranlasst den Bauherrn vielfach zur Anordnung von Projektänderungen oder gar zum Verzicht auf die Weiterführung des Bauvorhabens. Ein Schaden erwächst dem Bauherrn nun dadurch, dass er bei einem genügend genauen Voranschlag eine dieser beiden Massnahmen schon unmittelbar nach dessen Vorlage ergriffen hätte - und nicht erst bei der Submission.

---

[127] Anders: Schumacher, Nr. 677.

[128] Derendinger, Nr. 375.

[129] Andere Beispiele: Vereinbarung einer Bausummengarantie (vgl. Nr. 73 ff. vorne); Abrede, wonach der Honoraranspruch des Architekten von der Einhaltung des Voranschlages abhängig sei (Gauch, Überschreitung, S. 86, Anm. 67).

256　Der Schaden des Bauherrn besteht hier insbesondere in den seit der Ablieferung des Voranschlages angefallenen *Kosten für Planungsarbeiten*, die für ihn nunmehr wegen seines Verzichts auf die Weiterführung des Bauvorhabens oder wegen der Projektänderung nutzlos geworden sind. Ein Schadensposten kann folglich auch die *Vergütung des Architekten* für die Anfertigung der "provisorischen Ausführungspläne" und für dessen Mitwirkung bei der Submission sein[130]. Diese (vermögensvermindernden) Ausgaben weisen alle Merkmale eines Schadens auf[131]; insbesondere werden sie zufolge falschen Vertrauens in die Richtigkeit einer Kostenauskunft und damit unfreiwillig[132] getätigt. Nicht als Schadensposten ist die Vergütung des Architekten für die Ausarbeitung des (zu) ungenauen Voranschlages zu betrachten, da es sich dabei noch um eine freiwillige Ausgabe des Bauherrn handelt (vgl. dazu aber Nr. 353 ff.).

257　Das hier Gesagte gilt analog für den Fall, da der Bauherr (z.B. bei der Vorlage des Voranschlages) erkennt, dass der Architekt ihm vorher eine (zu) ungenaue *Kostenschätzung* (Nr. 52) erstattet hat[133]. Auch hier kann der Schaden des Bauherrn namentlich im Kostenaufwand der (jetzt unnützen) Planungsleistungen bestehen, die er im Vertrauen auf die (relative) Richtigkeit der Kostenschätzung (so) veranlasst hat[134].

258　2. Der Voranschlag des Architekten richtet sich in Einzelfällen an einen Totalunternehmer, wobei er sich dann regelmässig nur auf die mutmasslichen Kosten der Subunternehmerleistungen bezieht (Nr. 33). Dem Totalunternehmer entsteht nun ein Schaden daraus, dass er bei einer genügend genauen Prognose die (weitere) Planung und vor allem die Ausführung einer Baute für einen anderen Preis[135] oder überhaupt nicht übernommen hätte. Der **Schaden des Totalunternehmers** liegt alsdann namentlich in der Differenz zwischen dem Preis, den er mit seinem

---

[130] SIA-Ordnung 102, Art. 4.3.

[131] Vgl. auch BGE 108 II 64.

[132] Vgl. Gauch/Schluep, Nr. 2624.

[133] Vgl. dazu Extraits, 1987, S. 21 ff. (= BR 1989, S. 90 f., Nr. 107).

[134] Vgl. Derendinger, Nr. 384, Anm. 43.

[135] Dieser Preis ist in der Regel ein Pauschalpreis (vgl. dazu Gauch, Werkvertrag, Nr. 629 ff.).

Vertragspartner vereinbart hat, und dem höheren Preis, den die Parteien bei einer richtigen Prognose mutmasslich verabredet hätten. Da Totalunternehmer regelmässig nicht "drauflegen" wollen, ist im Sinne einer tatsächlichen Vermutung[136] anzunehmen, dass der mutmasslich verabredete Preis zumindest die eigenen Kosten des Totalunternehmers gedeckt hätte, die ausser den Vergütungen an die Subunternehmer auch seine Selbstkosten (inkl. Generalunkosten) umfassen. Selbstverständlich steht dem Totalunternehmer aber auch der Nachweis frei, dass sein Vertragspartner einen Preis akzeptiert hätte, der ihm darüber hinaus noch einen bestimmten Gewinn eingebracht hätte.

259 3. Kommt es zur **Veräusserung der Liegenschaft** (weil sie der Bauherr z.B. wegen des unerwarteten Kostenaufwandes nicht mehr finanzieren kann), so besteht der Schaden des Bauherrn in folgender Differenz: erzielter Verkaufserlös (Verkaufspreis abzüglich Anlagekosten, inkl. Kosten für Grundstückerwerb und - finanzierung[137]) minus Erlös (möglicher Verkaufspreis abzüglich Kosten für Grundstückerwerb und - finanzierung), den der Bauherr für seine Liegenschaft mutmasslich erzielt hätte, falls er sie ohne das ausgeführte Bauvorhaben (oder allenfalls mit einer billiger erstellten Baute) veräussert hätte[138].

260 Weil der mutmassliche Erlös der Liegenschaft, den der Bauherr ohne die ausgeführte Baute (oder mit einem billigeren Bauwerk) erzielt hätte, nur ausnahmsweise (z.B. aufgrund einer konkreten Kaufsofferte an den Bauherrn) genau feststehend ist, vermag der Richter den Schaden vielfach nur "abzuschätzen" (Art. 42 Abs. 2 OR). Ergibt sich keine Differenz zwischen dem tatsächlichen Verkaufserlös und dem Verkaufserlös, der bei Veräusserung der unüberbauten Liegenschaft erzielt worden wäre, so liegt kein Schaden vor und den Architekten trifft keine Ersatzpflicht[139]. Kein

---

[136] Kummer, N 363 zu Art. 8 ZGB.

[137] Kunz, S. 147; Nägeli/Hungerbühler, S. 350.

[138] Lauer, S. 405; Steinert, S. 553; Wingenfeld, S. 151.

[139] Vgl. Schiedsurteil SIA i.S. U. c. S. vom 25. 5. 1977 (zit. in: Reber, S. 303).

Schaden stellt schliesslich der blosse Verlust der Gebrauchsmöglichkeit einer Baute (z.B. einer Villa) infolge ihrer Veräusserung dar[140].

261   Das Gesagte sei an drei einfachen *Zahlenbeispielen* erläutert:

262   a) Verkaufspreis der überbauten Liegenschaft   Fr. 1'200'000.--
Erstellungskosten   Fr.   800'000.--
Kosten für den Grundstückerwerb   Fr.   500'000.--

Verlust   Fr.   100'000.--
Mutmasslicher Gewinn/Verlust bei Veräusserung
der unüberbauten Liegenschaft   Fr.   0.--

Schaden   Fr.   100'000.--
                                                ========

263   b) Verkaufspreis der überbauten Liegenschaft   Fr. 1'200'000.--
Erstellungskosten   Fr.   800'000.--
Kosten für den Grundstückerwerb
(Erwerb durch Erbgang)   Fr.   0.--

Gewinn   Fr.   400'000.--
Mutmasslicher Gewinn bei Veräusserung
der unüberbauten Liegenschaft   Fr.   500'000.--

Schaden   Fr.   100'000.--
                                                ========

264   c) Verkaufspreis der überbauten Liegenschaft   Fr. 1'400'000.--
Erstellungskosten   Fr.   800'000.--
Kosten für den Grundstückerwerb   Fr.   500'000.--

Gewinn   Fr.   100'000.--
Mutmasslicher Gewinn bei Veräusserung
der unüberbauten Liegenschaft   Fr.   100'000.--

Schaden   Fr.   0.--
                                                ========

---

[140] BGE 115 II 481 f.; Gauch/Schluep, Nr. 2657 f.; Stark, Zur Frage der Schädigung ohne Vermögensnachteile, in: Festschrift für Max Keller, Zürich 1989, S. 316.

265 *4.* Schliesslich kann der Vertrauensschaden, den der Bauherr erleidet, im **Mehraufwand für die Beschaffung eines Zusatzkredits** bestehen, der bei einem genügend genauen Voranschlag hätte vermieden werden können. Schadensposten sind dabei insbesondere der (zusätzliche) Kostenaufwand für Bankkommissionen, Notariats- oder Grundbuchgebühren sowie - bei Bauten der Gemeinden und des Kantons - für die nochmalige Durchführung einer Volksabstimmung[141]. Der Schaden kann aber auch in den (wegen der zu ungenauen Kostenvorhersage) entgangenen Subventionen eines Bauherrn liegen, der zum Beispiel eine Schulanlage erstellt hat[142].

IV. Zur Höhe der Schadenersatzpflicht

266 Steht der zu ersetzende Schaden betragsmässig fest (Art. 42 OR)[143] und sind auch die übrigen Haftungsvoraussetzungen erfüllt (Nr. 180 ff.), so stellt sich die Frage nach der **Höhe der Ersatzpflicht**. Zur Anwendung gelangt die Bemessungsordnung des Deliktsrechts, auf die Art. 99 Abs. 3 OR verweist. Dazu kurz das Folgende:

267 - Als Regel gilt, dass der effektiv erlittene *Schaden*, der den Schadenersatzanspruch auch nach oben begrenzt[144], *voll auszugleichen* ist[145].

268 - Bei der *Bemessung des Schadenersatzes* hat der Richter im Streitfall zwar grundsätzlich "sowohl die Umstände und die Grösse des Verschuldens zu würdigen" (Art. 43 Abs. 1 OR). Im Bereich der Vertragshaftung lässt die herrschende Auffassung aber selten eine Herabsetzung der Schadenersatzanspruches bloss gestützt auf Art. 43 Abs. 1 OR zu[146].

---

[141] Gauch, Überschreitung, S. 82.

[142] Gauch, Überschreitung, S. 82.

[143] Gauch, Überschreitung, S. 85.

[144] Gauch/Schluep, Nr. 2788.

[145] Derendinger, Nr. 362; Fellmann, N 510 zu Art. 398 OR; Keller/Gabi, S. 101; Merz, SPR VI/1, S. 214; Oftinger I, S. 261.

[146] Brehm, N 38 zu Art. 43 OR; OR-Wiegand, N 18 zu Art. 99; Schumacher, Nr. 536.

Namentlich vermag der "Umstand", dass auf Betreiben des Bauherrn ein niedriges Honorar vereinbart wurde, keine Ermässigung zu rechtfertigen[147]; denn das Bestreben des Bauherrn bei der Bauausführung zu sparen, ist legitim und darf sich für ihn bezüglich der Haftung des beigezogenen Fachmannes nicht nachteilig auswirken[148]. Ebensowenig lässt sich nach herrschender Praxis und Lehre eine Reduktion der Ersatzpflicht einzig und allein mit der Tatsache begründen, dass den Schädiger ein nur leichtes Verschulden trifft [149].

269 - Die bedeutendere Rolle unter den Faktoren der Schadenersatzbemessung spielen die "Umstände, für die er (der Geschädigte) einstehen muss" (Art. 44 Abs. 1 OR), insbesondere sein Selbstverschulden[150].

270 Mögliche *Herabsetzungsgründe* im Sinne von Art. 44 Abs. 1 OR bilden zum Beispiel: Der Bauherr (weil er z.B. selber Fachmann ist) erkennt, dass der Architekt eine Position des Voranschlages zu ungenau veranschlagt hat und teilt das dem Architekten nicht mit. Der Bauherr, der über den mutmasslichen Umfang der Überschreitung des Voranschlages orientiert ist, unterlässt mögliche Einsparmassnahmen, wodurch die Überschreitung etwas reduziert würde[151].

271 Keine Ermässigung der Ersatzpflicht ist hingegen aus folgenden Gründen angezeigt: Der Bauherr weilt selten auf der Baustelle und fordert vom Architekten auch keine Kostenrapporte an; der Bauherr darf sich nämlich darauf verlassen, dass sein Vertragspartner die ihm übertragenen Arbeiten auch ohne seine Aufsicht richtig ausführt[152]. Der

---

[147] GVP 1981, Nr. 20, S. 34 ff. (= BR 1983, S. 71, Nr. 52); Brunner, Nr. 257 f.; Fellmann, N 512 zu Art. 398 OR; Hofstetter, S. 97 f.

[148] Schumacher, Nr. 537.

[149] BGE 92 II 240, 82 II 31; Becker, N 40 zu Art. 99 OR; Brunner, Nr. 213; Guhl/Merz/Koller, S. 78; Keller/Schöbi, S. 103; Merz, SPR VI/1, S. 220 f.; Oftinger I, S. 263 f.; Schumacher, Nr. 536.

[150] BGE 117 II 159; 116 II 458; Brehm, N 46 ff. zu Art. 44; Brunner, Nr. 225; Gauch/Schluep, Nr. 2792; Guhl/Merz/Koller, S. 79; Keller/Schöbi, S. 103 f.; Merz, SPR VI/1, S. 223 ff.; Oftinger I, S. 157 ff.; von Tuhr/Peter, S. 106 ff.

[151] Gauch, Überschreitung, S. 85; Schumacher, Nr. 685.

[152] Schumacher, Nr. 686.

Bauherr veräussert die überbaute Liegenschaft nicht, um den Schaden im Interesse des haftpflichtigen Architekten möglichst klein zu halten (Nr. 253).

V. Zur Beweislast

1. Für die Vertragsverletzung

272 Damit der **Gläubiger** seinen Schadenersatzanspruch durchsetzen kann, obliegt ihm zunächst der **Nachweis der Vertragsverletzung des Schuldners**[153]. Doch ist zu beachten:

273 Wegen der ihn treffenden Informationspflicht (Nr. 114) ist der Architekt grundsätzlich gehalten, "Abweichungen vom Kostenvoranschlag zu begründen"[154]. Liefert der Architekt dem Bauherrn keine oder keine plausible Erklärung für die Bausummenüberschreitung, so spricht meines Erachtens eine grosse Wahrscheinlichkeit und damit eine *tatsächliche Vermutung*[155] dafür, dass der Voranschlag des Architekten (zu) ungenau war[156]. Der Architekt kann aber diese Vermutung schon durch blossen Gegenbeweis entkräften[157].

2. Für den Schaden und den Kausalzusammenhang

274 1. "**Wer Schadenersatz beansprucht, hat den Schaden zu beweisen**" (Art. 42 Abs. 1 OR). Diese Regel gilt selbstverständlich auch bei der Haftung des Architekten für den (zu) ungenauen Voranschlag[158]. Deshalb ist es Sache des Bauherrn, den Nachweis für den Bestand und den Umfang des

---

[153] Abravanel, Nr. 329; Becker, N 96 zu Art. 97 OR; Fellmann, N 444 zu Art. 398 OR; Derendinger, Nr. 336; Gauch/Schluep, Nr. 2775; Gautschi, N 26 zu Art. 398 OR; Kummer, N 275 zu Art. 8 ZGB; OR-Wiegand, N 31 zu Art. 97; Schumacher, Nr. 451.

[154] So z.B. ausdrücklich: Migros-Vertrag Architekt, Art. 8; Ergänzungen der Grossbanken zu Art. 4.5.1.

[155] Kummer, N 365 zu Art. 8 ZGB; Vogel, N 50 zu Kapitel 10.

[156] Fellmann, N 450 zu Art. 398 OR; Schumacher, Nr. 632.

[157] Kummer, N 366 zu Art. 8 ZGB; Vogel, N 51 zu Kapitel 10.

[158] Schumacher, Nr. 631.

(Vertrauens-)Schadens (Nr. 227 ff.) zu führen. Immerhin wird ihm diese Aufgabe durch Art. 42 Abs. 2 OR erleichtert: So reicht es für den Schadensnachweis schon aus, dass eine hohe[159] oder zumindest überwiegende Wahrscheinlichkeit[160] für das Vorliegen des behaupteten Schadens spricht[161]. Art. 42 Abs. 2 OR dispensiert aber den Geschädigten nicht davon, alle Anhaltspunkte für den geltend gemachten Schaden vorzubringen[162].

275 Im Grundfall, da der Bauherr trotz der Kostenüberschreitung Eigentümer der überbauten Liegenschaft bleibt (Nr. 235 ff.), versucht sich der Architekt in der Regel mit der Behauptung zu entlasten, bei Berücksichtigung der Wertsteigerung am Grundstück habe sich die Vermögenslage seines Vertragspartners nicht verschlechtert (Nr. 243). Der Nachweis der auszugleichenden Vorteile (des Geschädigten) und ihres Wertes obliegt nun aber dem Schädiger[163], weshalb der Architekt für seine Behauptung beweisbelastet ist[164]. Sollte der Architekt beweisen können, dass Kosten und Wert der Baute gleich hoch sind, so hat der Bauherr den Nachweis zu erbringen, dass er durch die Anrechnung der Wertsteigerung in ein Notlage geraten würde, weshalb davon abzusehen ist (Nr. 251 f.).

276 Entgegen vereinzelt geäusserten Meinungen begründet die Überschreitung des Voranschlages als solche keine *"natürliche Vermutung eines Schadens"*[165]. Diese Auffassung ist schon im Ansatz verfehlt, indem sie den Schaden, den der Architekt mit seinem (zu) ungenauen Voranschlag anrichtet, in den massgeblichen Mehrkosten und nicht im Vertrauensschaden (Nr. 227 ff.) sieht.

---

[159] So z.B. BGE 87 II 374.

[160] So z.B. BGE 115 II 440.

[161] Gemäss BGE 95 II 501 soll sich dem Richter "das Vorhandensein eines Schadens mit einer gewissen Überzeugungskraft aufdrängen"; vgl. auch Brehm, N 52 zu Art. 42 OR; Guhl/Merz/Koller, S. 67; Keller/Gabi, S. 80 f. - Etwas anders: Kummer, N 211 zu Art. 8 ZGB, wonach schon blosse Wahrscheinlichkeit (eines Schadens) genüge.

[162] 111 II 76; 98 II 37; 97 II 218; Oftinger I, S. 177.

[163] Brunner, Nr. 182; Kuhn, S. 199; Oftinger I, S. 184; Keller/Gabi, S. 75.

[164] Schumacher, Nr. 679.

[165] Max 1961, Nr. 15, S. 28; vgl. auch GVP 1985, Nr. 44, S. 104 (= BR 1986, S. 61 f., Nr. 4).

277 2. Gemäss den allgemeinen Regeln des Vertragsrechts hat schliesslich der **der Geschädigte den natürlichen Kausalzusammenhang** zwischen Vertragsverletzung und Schaden **nachzuweisen**[166]. Die Überprüfung der Adäquanz ist an sich Rechtsfrage[167], doch wird in der Regel auch die Beweislast dafür dem Geschädigten aufgebürdet[168].

278 Was den Kausalzusammenhang bei der Haftung für den (zu) ungenauen Voranschlag anbelangt, so ist die (hypothetische) Frage zu beantworten, wie der Bauherr bei einem genügend genauen Voranschlag disponiert hätte[169]. Ganz allgemein gilt: Niemand will geschädigt werden. Auch vom Bauherrn, der sich wegen der unerwarteten Verteuerung in einer Notlage befindet (Nr. 251 f.), der seine überbaute Liegenschaft mit Verlust veräussern muss (Nr. 259 ff.), dem ein Mehraufwand für die Beschaffung eines Zusatzkredites erwächst (Nr. 265), kurzum: dem ein Schaden zugefügt wird, ist im Sinne einer *tatsächlichen Vermutung* anzunehmen, dass er bei einem genügend genauen Voranschlag alles unternommen hätte, um den Schaden abzuwenden[170], dass er also sein Verhalten geändert, insbesondere billiger gebaut hätte. Will der Architekt das erfolgreich bestreiten, hat er deshalb den (Gegen-)Beweis zu erbringen, "dass der Bauherr an seinem Verhalten auch dann nichts geändert hätte, wenn ihm die Unrichtigkeit des Voranschlages bewusst gewesen wäre"[171].

---

[166] BGE 115 II 442 f.; 111 II 160; Derendinger, Nr. 235; Fellmann, N 460 zu Art. 398 OR; Gauch/Schluep, Nr. 2724; Kummer, N 281 zu Art. 8 ZGB: OR-Weber, N 32 zu Art. 398.

[167] BGE 96 II 396; Gauch/Schluep, Nr. 2724.

[168] Vgl. z.B. BGE 113 Ib 424; 105 II 286; 90 II 232; Schumacher, Nr. 505.

[169] Schumacher, Nr. 679.

[170] Vgl. auch Schweizer, La preuve de la causalité, in: Guillod, Hrsg., Kolloquium - Neuere Entwicklungen im Haftpflichtrecht, Zürich 1991, S. 185; SJZ 1989, S. 121 f.

[171] Gauch, Überschreitung, S. 82; Werner/Pastor, Nr. 1569.

§ 9. Die Schadenersatzhaftung für vernachlässigte Kostenkontrolle und -information

I. Im allgemeinen

279 *1.* Der Architekt, der die Bauleitung übernimmt, ist verpflichtet, die **Kostenentwicklung dauernd zu überwachen** und dem Bauherrn eine sich abzeichnende Überschreitung des Voranschlages unaufgefordert anzuzeigen[1], damit der Bauherr mögliche Gegenmassnahmen ergreifen kann[2]. Im einzelnen gilt:

280 - Der genaue Umfang der Orientierungspflicht ergibt sich aus der konkreten Vereinbarung[3]. Auf jeden Fall darf vom Architekten erwartet werden, dass er die Kostensituation vor und während der Bauausführung so "transparent" macht, dass der Bauherr frühzeitig darüber im Bilde ist, inwieweit (bei Weiterführung der geplanten Bauweise) Abweichungen gegenüber dem Voranschlag zu erwarten sind[4]. Mindestens ist deshalb zu verlangen, dass der Architekt dem Bauherrn bei der Submission "Vergleichszusammenstellungen mit Bezug auf den Kostenvoranschlag"[5] und während der Bauausführung "periodische Kostenrapporte" mit

---

[1] BGE vom 16.1.1986 i.S. D. gegen L. und S., S. 4; BGE vom 22.1.1982 i.S. P. gegen M., S. 7; Bindhardt/Jagenburg, N 175 zu § 6; Bollag, S. 83; Gauch, Überschreitung, S. 82; Gautschi, N 3c zu Art. 374 OR; Kreis, S. 123; Pott/Frieling, Nr. 495; Schaub, S. 194; Schumacher, Nr. 626. - Dem entspricht es, dass der Kostenvoranschlag die "Grundlage für die Finanzkontrolle während der Ausführung" bildet (SIA-Ordnung 102, Art. 4.2.5).

[2] Dabei stehen vor allem Änderungen am Projekt im Vordergrund, was vielfach wiederum voraussetzt, dass der Bauherr gegenüber dem Unternehmer, mit dem er schon einen Werkvertrag abgeschlossen hat, überhaupt noch die Möglichkeit zur Bestellungsänderung hat (vgl. Gauch, Werkvertrag, Nr. 538 ff.).

[3] Beispiel: "Der Architekt ist verpflichtet, die Investitionsaufwendungen in der vom Bauherrn gewünschten Art und Weise laufend zu überwachen und den Bauherrn alle ... Monate zu orientieren" (Migros-Vertrag Architekt, Art. 8).

[4] Brandenberger/Ruosch, S. 168.

[5] SIA-Ordnung 102, Art. 4.3.3.

"Vergleich von Zahlungen und Verpflichtungen mit dem Kostenvoranschlag vorlegt"[6].

281   Zeichnet sich schon nach dem Eingang der ersten Unternehmerofferten, insbesondere der Baumeisterofferten, eine erhebliche Überschreitung des Voranschlages ab, so darf sich der Architekt selbstverständlich nicht mehr mit einer blossen Orientierung des Bauherrn begnügen. Vielmehr hat er seinen Voranschlag zu überprüfen. Allenfalls hat er einen *"revidierten Kostenvoranschlag"* anzufertigen[7].

282   - Der Architekt hat dem Bauherrn auch *eigene Fehler zu offenbaren*[8]. Namentlich hat er den Bauherrn sofort zu benachrichtigen, wenn er feststellt, dass sein Voranschlag (zu) ungenau ist. Verheimlicht er dies (und "beschwichtigt" er gar den Bauherrn), so begeht er zur ersten noch eine zweite Vertragsverletzung[9].

283   Selbstverständlich wird der Architekt durch eine derartige Offenlegung *nicht von seiner Haftung für den (zu) ungenauen Voranschlag befreit*[10]; zumal ja der Voranschlag in den weitaus meisten Fällen trotz der Information nicht eingehalten werden kann[11]. Immerhin kann der Richter den zu leistenden Schadenersatz reduzieren, falls der Architekt dem Bauherrn seinen Fehler rechtzeitig zur Kenntnis gebracht hat, und dieser trotzdem keine zumutbaren Massnahmen zur Verminderung der Kostenüberschreitung ergriffen hat[12]. Wäre es dem Bauherrn möglich gewesen, die übermässige Überschreitung durch zumutbare

---

[6]   SIA-Ordnung 102, Art. 4.4.4.

[7]   SIA-Ordnung 102, Art. 4.3.3 - Zur Frage, inwieweit für diese Leistung eine Zusatzvergütung geschuldet ist: vgl. Egli, Nr. 930.

[8]   Derendinger, Nr. 135; Fellmann, N 170 zu Art. 398 OR; Schumacher, Nr. 706 ff.

[9]   Zu den weiteren Folgen einer derartigen "Verheimlichung": vgl. Schumacher, Nr. 711.

[10] Lauer, S. 411.

[11] Brandenberger/Ruosch, S. 169.

[12] Gauch, Überschreitung, S. 85.

Kosteneinsparungen abzuwenden, so kann die Ersatzpflicht für den (zu) ungenauen Voranschlag gar ganz entfallen[13].

284 2. Ein **Schaden** erwächst dem Bauherrn dadurch, dass er wegen der unterbliebenen Anzeige einer drohenden Überschreitung des Voranschlages immer noch auf dessen relative (Nr. 230) Einhaltung vertraut, und es deshalb unterlässt, mögliche Einsparmassnahmen anzuordnen. Diesem Schaden kommt indessen in den meisten Fällen keine selbständige Bedeutung zu: Da (wegen der fehlenden Information) eben auch der Voranschlag des Architekten überschritten wird, geht der Schaden häufig im Schaden auf, den der Bauherr dadurch erleidet, weil er im Vertrauen auf die (relative) Genauigkeit des Voranschlages die Baute nicht auf eine andere (billigere) Weise realisiert (vgl. Nr. 240 ff.).

285 Möglich ist aber auch, dass der Bauherr, da er mangels anderer Mitteilung mit der definitiven Richtigkeit des Voranschlages rechnet, sich zu zusätzlichen Investitionen (z.B. für einen gewissen Luxus) entschliesst. Alsdann können gerade diese Zusatzinvestitionen, die bei einer "genügenden Kostentransparenz"[14] unterblieben wären, zu einem Schaden des Bauherrn führen (zur Schadensermittlung: vgl. Nr. 291 f.).

II. Für unterlassene Aufklärung bei kostenteuernden Änderungs- und Sonderwünschen des Bauherrn

286 1. Gemäss herrschender Auffassung ist der bauleitende Architekt schliesslich gehalten, den Bauherrn rechtzeitig über die finanziellen Auswirkungen seiner **Änderungs- und Sonderwünsche** aufzuklären, womit dieser nachträglich vom Bauprojekt und Leistungsprogramm abweichen will, die Gegenstand des Voranschlages bilden[15].

---

13 Vgl. dazu 101 II 75; Brehm, N 139 zu Art. 41; Oftinger I, S. 121; Keller/Schöbi, S. 34.

14 Brandenberger/Ruosch, S. 168.

15 PKG 1976, Nr. 10, S. 56 (= BR 1979, S. 10 Nr. 3); Bollag, S. 86; Fellmann, N 163 zu Art. 398 OR; Gauch, Überschreitung, S. 85; Schumacher, Nr. 627; Tercier, BR 1988, S. 64; Werner/Pastor, Nr. 1567; so auch SIA-Ordnung 102, Art. 1.4.4.

287 Das ist an sich richtig: Zu den Pflichten des Architekten gehört die *"allgemeine Beratungspflicht"*[16]. Das beinhaltet sicherlich auch, dass der Architekt den Bauherrn, der eine Projektänderung verlangt, über die sich daraus ergebenden Konsequenzen aufklärt; das, soweit die Konsequenzen für den Architekten überhaupt erkennbar, vor allem kostenmässig schätzbar sind[17]. Unterlässt der Architekt diese Information, wofür der Bauherr im Streitfall beweispflichtig ist (vgl. Nr. 272), so handelt er pflichtwidrig[18].

288 2. Die Kosten nachträglicher Sonder- und Änderungswünsche des Bauherrn sind vom Voranschlag des Architekten überhaupt nicht erfasst (Nr. 41). Die Haftung für die unterlassene Aufklärung bei kostenteuernden Änderungs- und Sonderwünschen des Bauherrn hat deshalb nichts mit der Haftung des Architekten für seinen Voranschlag zu tun (Nr. 133). Vielmehr ist sie - obschon sie immer wieder im Zusammenhang mit der Überschreitung des Voranschlages behandelt wird - **eine Haftung für unterlassene Beratung**. Daraus folgt ein Zweifaches:

289 - Die *Toleranzgrenze*, die sich ja aus dem Prognose-Charakter des Voranschlages herleitet (Nr. 187), bleibt grundsätzlich aus dem Spiel, wenn über die Vertragsverletzung des Architekten zu befinden ist[19]. Eine Vertragsverletzung des Architekten ist an sich sogar dann gegeben, wenn der Voranschlag trotz der unterlassenen Aufklärung eingehalten wird.

290 - Entgegen der herrschenden Auffassung[20] besteht der relevante *Schaden* nicht in den Kosten, um die der Voranschlag infolge der nachträglichen Bauherrenwünsche überschritten ist. Vielmehr wird ein Schaden einzig und allein durch die unterlassene Aufklärung über deren Folgen begründet; und er ist grundsätzlich durch Vergleich zwischen der

---

[16] BGE 111 II 75.

[17] Vgl. Gauch, Überschreitung, S. 83 f.

[18] Selbstverständlich haftet der Architekt auch hier nur bei gegebenem Verschulden oder wenn die Voraussetzungen des Art. 101 OR erfüllt sind.

[19] Gautschi, N 3c zu Art. 374 OR.

[20] Vgl. PKG 1976, Nr. 10, S. 53 ff. (= BR 1979, S. 15, Nr. 4); Extraits 1969, S. 72.

jetzigen Vermögenslage und dem Vermögensstand zu ermitteln, den das Vermögen des Bauherrn bei vertragsgemässer Aufklärung haben würde[21]. Im einzelnen ist für die Bestimmung des zu ersetzenden Schadens in drei Schritten vorzugehen:

291 Erstens ist der *gegenwärtige Stand des Vermögens* des Bauherrn (mit den ausgeführten Änderungen) festzulegen. Dabei sind die Kosten der Änderungen mit der dadurch bewirkte Wertsteigerung an der Baute zu vergleichen. Ergibt sich alsdann eine negative Differenz[22], weil namentlich (zusätzliche) bauliche Massnahmen mit luxuriösen Charakter realisiert wurden (Nr. 244), so ist der Bauherr durch seine ("eigenen") Änderungen geschädigt. Fehlt es indessen an einer solchen Differenz, so frägt es sich, inwieweit dem Bauherrn die Anrechnung des aus seinen Änderungen resultierenden Mehrwertes zugemutet werden darf (Nr. 249); und unzumutbar ist diese Anrechnung wiederum insoweit, als sie (und die damit verbundene Verneinung einer Ersatzpflicht des Architekten) zu einer Notlage des Bauherrn führen würde (Nr. 251 f.).

292 Zweitens ist zu prüfen, ob der Bauherr bei vertragsgemässer Aufklärung überhaupt sein *Verhalten geändert* hätte[23]. Diesen Nachweis hätte an sich der Bauherr zu führen, weil es dabei auch um die Kausalität zwischen Vertragsverletzung und Schaden geht (vgl. Nr. 277). Doch ist im Sinne einer tatsächlichen Vermutung anzunehmen, dass der Bauherr auf den Sonderwunsch verzichtet hätte, wenn er um dessen schädigende Auswirkungen gewusst hätte (vgl. Nr. 278). Insoweit ist es Sache des Architekten, den Gegenbeweis zu erbringen[24].

293 Drittens ist schliesslich der geschuldete *Schadenersatz* zu *bemessen*. Hier kommt namentlich eine Haftungsreduktion nach Art. 44 Abs. 1 OR in Frage.

294 **3. Keine Ersatzpflicht des Architekten** besteht, falls der Bauherr die kostenteuernde Projektänderung von sich aus, ohne vorherige Konsultation

---

[21] Gauch, Überschreitung, S. 82.

[22] Gauch, Überschreitung, S. 82.

[23] Gauch, Überschreitung, S. 82; Schumacher, Nr. 679.

[24] Gauch, Überschreitung, S. 82 f.; Locher, Nr. 280; Werner/Pastor, Nr. 1567.

des Architekten[25], angeordnet hat[26]. Einerseits hat dem Architekten diesfalls die Möglichkeit zur Beratung gefehlt. Andererseits kann der Bauherr auch nicht geltend machen, der Architekt hafte wegen seines ungenauen Voranschlages (Nr. 133).

295 *4.* Das hier bezüglich Aufklärungspflicht Gesagte gilt unabhängig davon, ob die Wünsche auf eigener Initiative des Bauherrn oder auf Anregungen des Architekten beruhen[27]. Die **gleiche Rechtslage** besteht auch bei sonstigen vom Bauherrn beabsichtigten Eingriffen ins Baugeschehen wie etwa einer Anordnung einer Verzögerung oder Beschleunigung der Bauausführung[28].

---

[25] Beispiel: In den Plänen war eine eckige Gartenmauer vorgesehen und so wurde sie zuerst auch ausgeführt. Nach Fertigstellung der Mauer erklärte der Bauherr dem Maurer, dass ihm diese Mauer nicht gefiele, und verlangte, dass er die Mauer abreisse und eine runde Mauer erstelle.

[26] Gautschi, N 3c zu Art. 374 OR.

[27] Gauch, Überschreitung, S. 83.

[28] Gauch, Überschreitung, S. 83.

§ 10. Einzelfragen

I. Die Haftung für die Unterschreitung des Voranschlages

296 *1.* Für viele Bauherren ist die Einhaltung des Voranschlages ein wichtiges Anliegen, und dessen Unterschreitung ist für sie im Normalfall deshalb eine erfreuliche Erscheinung[1]. Umgekehrt trachten viele Architekten, namentlich bei Bauwerken des Gemeinwesens, danach, dass die effektiven Kosten unter den veranschlagten liegen, damit sie nachher als "gute Haushälter" fremder Mittel dastehen. Selbstverständlich darf dieses Streben nicht so weit gehen, dass der Architekt seinen Voranschlag absichtlich oder fahrlässig erheblich zu hoch ansetzt[2]. Unterbreitet der Architekt seinem Bauherrn einen solchen Voranschlag, so erteilt er - ebenso wie beim zu tiefen Voranschlag (Nr. 187) - eine **falsche Auskunft** über die voraussichtlichen Baukosten, weshalb er den Vertrag nicht richtig erfüllt.

297 *2.* Für die Bestimmung der **tolerablen Kostenunterschreitung** gelten die gleichen Prinzipien wie bei der Kosten*überschreitung*[3]: Abzustellen ist primär auf die konkrete Vereinbarung (Nr. 200 ff.), wobei die Parteien diesbezüglich häufig einfach auf die vorformulierte Bestimmung des Art. 4.2.5 der SIA-Ordnung 102 verweisen (Nr. 203 ff.). Fehlt eine Vereinbarung über die für Kostenunterschreitungen geltende Toleranz, so kommt es darauf an, mit welcher Abweichung vom Voranschlag (nach unten) der Bauherr im konkreten Einzelfall nach Treu und Glauben im Geschäftsverkehr zu rechnen hatte (Nr. 195 ff.).

298 *3.* Auch bei der Unterschreitung des Voranschlages richtet sich die Haftung des Architekten auf den **Ersatz des Vertrauensschadens** (Nr. 227 ff.). Der Schaden besteht (wiederum) in der Differenz zwischen dem jetzigen

---

[1] Die Behauptung von Schumacher, Nr. 698, wonach es sich bei Unterschreitung des Kostenvoranschlages um eine Ausnahmeerscheinung handelt, erscheint mir etwas übertrieben.

[2] Beispiel: Die vom Architekt im Voranschlag angegebenen Ausmasse sind 20 % über den aus den Plänen ermittelten Ausmassen.

[3] Gauch, Überschreitung, S. 81.

Vermögensstand des Bauherrn und dem (besseren) Stand, den sein Vermögen ohne das enttäuschte Vertrauen in die (relative) Richtigkeit (Nr. 230) des Voranschlages haben würde[4]. Ein Schaden kann sich zum Beispiel daraus ergeben, dass der Bauherr, der aufgrund der (falschen) Kostenangaben des Architekten auf eine ursprünglich geplante bauliche Massnahme (z.b. bezüglich Lärmschutz, Heizung oder Lüftungssystem) verzichtet hat, diese Massnahme später mit entsprechenden Mehrkosten (z.b. für das nochmalige Aufstellen eines Gerüsts oder für "Abspitzarbeiten") nachholen muss[5]. Keinesfalls besteht aber der Schaden des Bauherrn in der "übermässigen" Unterschreitung des Voranschlages.

II. Die Haftung mehrerer Planer

299 *1.* Häufig sind an der Planung (und Leitung der Ausführung) eines Bauvorhabens **mehrere Planer** (z.B. ein Architekt für die Planung, ein Architekt für die Bauleitung, ein Bauingenieur, ein Fachingenieur für die Elektroanlagen etc.) beteiligt, die vom Bauherrn mit je einem separaten Vertrag beigezogen werden. Zwar sind all diese Planer (und die allenfalls eingesetzte Bauleitung) für das gleiche Bauwerk und den selben Bauherrn tätig. Allein deswegen haben sie jedoch die zu erbringenden Arbeiten noch nicht "gemeinschaftlich übernommen" (Art. 403 Abs. 1 OR). Vielmehr handelt es sich um ein "Nebeneinanderwirken" mehrerer Planer, vergleichbar dem der "Nebenunternehmer"[6] während der Bauausführung[7]. Dementsprechend haften sie für ihre Vertragsverletzungen grundsätzlich allein[8].

300 *2.* Von diesem Grundsatz gibt es eine wichtige Ausnahme: Sind bei mehreren Planern (und allenfalls der eingesetzten Bauleitung) die Haftungsvoraussetzungen erfüllt, so haften sie dem Bauherrn für den von

---

[4] Gauch, Überschreitung, S. 82.

[5] Vgl. Schumacher, Nr. 698.

[6] So die Terminologie der SIA-Norm 118 (vgl. z.B. Art. 30).

[7] Vgl. Gauch, Werkvertrag, Nr. 179.

[8] Hess, S. 107; SIA-Ordnung 102, Art. 1.7; vgl. auch Rep. 116, 1983, S. 311 (= BR 1984, S. 54 f., Nr. 66).

ihnen verursachten Schaden solidarisch[9], und zwar regelmässig im Sinne einer unechter Solidarität nach Art. 51 OR[10]. Eine derartige **Solidarhaftung** kann bei der Überschreitung des Voranschlages insbesondere zwischen dem Architekten bestehen, der die Kosten zu ungenau veranschlagt hat, und dem bauleitenden Architekten, der diesen Fehler infolge Vernachlässigung der Kostenkontrolle nicht rechtzeitig erkannt hat.

301 Allerdings ist stets zu prüfen, ob nicht der eine Planer dem anderen Planer gegenüber "in Erfüllung einer Schuldpflicht" (Art. 101 OR) des Bauherrn und damit als dessen Hilfsperson gehandelt hat[11]. Der Bauherr hat sich nämlich den Fehler seiner Hilfsperson als eigenes Verhalten anzurechnen, was mindestens zu einer teilweisen Entlastung des anderen (sich vertragswidrig verhaltenden) Planers führt (Art. 44 Abs. 1 OR)[12].

302 Im Falle der solidarischen Haftung mehrer Planer stellt sich auch die Frage nach der "definitiven Lastenverteilung des Schadens"[13] im Innenverhältnis. Über diese Frage (die Regressfrage) entscheidet der Richter nach seinem Ermessen (Art. 51 Abs. 1 und 50 Abs. 2 OR). Alsdann hat er namentlich die Vertragsverletzungen der einzelnen Ersatzpflichtigen wertend miteinander zu vergleichen. Dabei erscheint es mir zum Beispiel gerechtfertigt, den überwiegenden Teil der Verantwortung demjenigen Planer zuzuweisen, der einen Planungsfehler begangen hat, und nur einen kleinen Teil dem Planer, der das infolge Vernachlässigung seiner Kontrollpflichten nicht erkannt hat[14].

---

[9] Vgl. z.B. BauR 1989, S. 102 (solidarische Haftung des projektierenden Architekten, dem Planungsfehler unterliefen, mit dem bauleitenden Architekten, der das infolge der Vernachlässigung der Bauaufsicht nicht erkannte); vgl. auch Pra 74, 1985, Nr. 179, S. 315 (nicht in BGE 111 II 72 ff. veröffentlicht).

[10] BGE 115 II 45; Schumacher, Nr. 732. - Wird ein Schaden ausnahmsweise durch gewolltes Zusammenwirken mehrer Planer (und allenfalls der Bauleitung) verursacht, so liegt ein Fall der echten Solidarität (Art. 50 OR) vor.

[11] Vgl. Gauch, Werkvertrag, Nr. 1361; Schumacher, Nr. 732; Werner/Pastor, Nr. 1703 f.

[12] Vgl. auch BGE 116 II 458; 95 II 52 ff.; Brehm, N 33 zu Art. 51 OR; Brunner, Nr. 341 f.; Gauch, Werkvertrag, Nr. 2025; Schumacher, Nr. 732; Werner/Pastor, Nr. 1703. - Zur Anwendbarkeit von Art. 369 OR: vgl. Gauch, Werkvertrag, Nr. 1469 f.

[13] Brehm, N 45 zu Art. 51 OR.

[14] Vgl. Gauch, Werkvertrag, Nr. 2031; Werner/Pastor, Nr. 1712.

303 3. Sind mehrere selbständige Architekten und/oder andere Planer für die Projektierung und Leitung von Bauarbeiten eine einfache Gesellschaft, eine sogenannte **Architekten- oder Planergemeinschaft**[15], eingegangen, so haben sie "einen Auftrag gemeinschaftlich übernommen", weshalb sie gemäss Art. 403 Abs. 2 OR dem Bauherrn für dessen Ausführung solidarisch haften.

304 Entgegen einer häufig geäusserten Meinung[16] bezieht sich die in Art. 403 Abs. 2 OR vorgesehene solidarische Haftbarkeit aller Mitglieder der Arbeitsgemeinschaft auch auf "blosse" Vertragsverletzungen eines Partners[17]: Anders als beim "Unternehmerkonsortium"[18] oder der Architektengemeinschaft, die aufgrund eines Werkvertrages nur Planungsarbeiten schuldet (Nr. 13 ff.), ist der sich vertragswidrig verhaltende Partner nicht Erfüllungsgehilfe der anderen Planer, sondern deren Substitut[19]. Bei Verneinung einer solidarischen Haftung würde sich deshalb die Haftung der übrigen Mitglieder bloss auf "gehörige Sorgfalt bei der Wahl und Instruktion" dieses Mitglieds erstrecken (Art. 399 Abs. 2 OR) (Nr. 308). Die Annahme einer derart eingeschränkten Haftung widerspricht jedoch dem eigentlichen Sinn und Zweck des Beizugs einer Arbeitsgemeinschaft, geht es doch dem Bauherrn regelmässig nur darum, möglichst einfache und günstige Haftungsverhältnisse zu haben[20].

III. Die Haftung für Substituten und Hilfspersonen

305 1. In den meisten Fällen arbeitet der Architekt im Auftragsverhältnis (Art. 394 ff. OR), weil er durch einen Gesamtvertrag (Nr. 17 ff.) (oder einen blossen Bauleitungsvertrag; Nr. 16) gebunden ist. Übergibt der Architekt

---

15 Hess, 29; Schumacher, Nr. 733.

16 So z.B. Fellmann, N 162 zu Art. 403 OR (vgl. aber N 164); Spiro, Erfüllungsgehilfen, S. 177 f.; von Tuhr/Escher, S. 306.

17 Derendinger, Nr. 207 ff; Gautschi, N 13d zu Art. 403 OR; Hess, S. 29; Schumacher, Nr. 733. - So noch ausdrücklich: aSIA-Ordnung 102, Art. 6.9.

18 Vgl. Gauch, Werkvertrag, Nr. 209.

19 Derendinger, Nr. 210; von Tuhr/Escher, S. 308, Anm. 74. - Anders: Fellmann, N 164 zu Art. 398 OR, und Schumacher, Nr. 733.

20 Derendinger, Nr. 209; Schumacher, Nr. 734.

die übernommenen Aufgaben nun einem Dritten, einem sogenannten "Subplaner", ganz oder teilweise zur technischen und wirtschaftlich selbständigen Erledigung, so liegt ein Fall der von Art. 399 OR geregelten **Substitution** vor[21]. Alsdann gilt:

306 - War der *Beizug des "Subplaners"* in Anbetracht der persönlichen Leistungspflicht des Architekten *zulässig* (Nr. 94 ff.)[22], so haftet der Architekt nur "für gehörige Sorgfalt bei der Wahl und Instruktion des Dritten" (Art. 399 Abs. 2 OR)[23]. Er ist also mangels anderslautender Vereinbarung nicht gehalten, den "Subplaner" zu überwachen[24]. Allerdings folgt aus der "umfassenden Interessenwahrungspflicht" des Architekten, dass er diejenigen Arbeiten des "Subplaners", auf die er sich nachher bei der weiteren Auftragsausführung abstützt, zumindest sorgfältig auf erkennbare Fehler hin überprüft[25] (vgl. Nr. 113).

---

[21] Derendinger, Nr. 110 ff.; Gauch/Schluep, Nr. 2842; Fellmann, N 541 ff., zu Art. 398 OR; Keller/Schöbi, S. 208; Koller, Nr. 410; OR-Weber, N 3 zu Art. 398 OR; Schumacher, Nr. 523; Tercier, Partie spéciale, Nr. 2962. - Anders aber Cerutti, Nr. 179: Nach ihm liegt nur dann ein Fall der von Art. 399 OR geregelten Auftragssubstitution vor, wenn "es sich um einen selbständig erfüllbaren Teil des (Haupt-)Auftrages handelt, sich der Beauftragte im übertragenen Bereich jeder weiteren Tätigkeit enthält und der Dritte (ohne Mitwirkung des Beauftragten) seine Leistung direkt an den Auftraggeber erbringt". Das letztgenannte Erfordernis leitet Cerutti, Nr. 161, aus Art. 399 Abs. 3 OR ab.

[22] Fellmann, N 544 zu Art. 398 OR, Hofstetter, S. 74, und OR-Weber, N 3 zu Art. 398, schränken den Anwendungsbereich dieser Haftung insoweit ein, als sie nur da gelte, wo der Beizug des Dritten im Interesse des Auftraggebers liegen würde. Anderenfalls greife die Hilfspersonenhaftung des Art. 101 OR Platz. Aufgrund von BGE 112 II 347 ist anzunehmen, dass auch das Bundesgericht dieser Ansicht folgt. - "Merk-Würdig" ist in diesem Zusammenhang sicher auch, dass der Bund, wenn er als Bauherr auftritt, die milde Haftung des Art. 399 Abs. 2 OR ausschliesst, indem er in seinen vorformulierten Architekturverträgen (Art. 15) bestimmt: "Vom Beauftragten zur Vertragserfüllung beigezogene Dritte gelten in jedem Fall als dessen Hilfspersonen im Sinne von Art. 101 OR. Art. 399 OR findet keine Anwendung".

[23] Derendinger, Nr. 310; Fellmann, N 52 zu Art. 399 OR; Gautschi, N 7c zu Art. 399 OR; Hofstetter, S. 75; OR-Weber, N 2 zu Art. 399; Schumacher, Nr. 524.

[24] Becker, N 5 zu Art. 398 OR; Derendinger, Nr. 310; Fellmann, N 68 zu Art. 399 OR; Gautschi, N 7c zu Art. 398 OR; OR-Weber, N 2 zu Art. 399.

[25] Derendinger, Nr. 310; Fellmann, N 70 zu Art. 399 OR.

307   Gewissermassen als "Ausgleich für die reduzierte Haftung"[26] des Art. 399 Abs. 2 OR ist der Bauherr berechtigt, "Ansprüche, die dem Beauftragten gegen den Dritten zustehen, unmittelbar gegen diesen geltend zu machen" (Art. 399 Abs. 3 OR). Der "Subplaner" wird somit dem Bauherrn für seine Vertragsverletzungen, namentlich für seine unfachmännische Arbeit, direkt haftbar, obschon zwischen ihm und dem Bauherrn kein Vertragsverhältnis besteht[27]. Der "Subplaner" kann aber dem Schadenersatzanspruch des Bauherrn nicht bloss all jene Einreden und Einwendungen entgegenhalten, die er gegen ihn persönlich besitzt, sondern vor allem auch jene, die er gegen seinen Vertragspartner hat[28], namentlich die Verjährungseinrede (Nr. 322 ff.).

308   Hat der Architekt seinen "Subplaner" nicht sorgfältig ausgewählt, nicht richtig instruiert oder hat er seine Arbeiten nicht gewissenhaft geprüft (Nr. 306), so haften Architekt und "Subplaner" für den sich daraus ergebenden Schaden (unecht; Art. 51 OR) solidarisch [29].

309   Anders stellt sich schliesslich die Rechtslage im *Sonderfall* dar, da ein *Generalplaner* die gesamte Planung und Leitung der Ausführung einer Baute, unter Einschluss allfälliger Spezialistenleistungen, übernimmt (Nr. 10). Vergibt nämlich der Generalplaner einzelne Planungsleistungen oder Bauleitungsaufgaben befugterweise an technisch und wirtschaftlich selbständige Dritte weiter[30], so hat er für deren vertragswidriges Verhalten - trotz an sich zulässiger Substitution - nicht nach Art. 399 Abs. 2 OR, sondern nach Art. 101 OR einzustehen. Denn die eingeschränkte Haftung des Art. 399 Abs. 2 OR verträgt sich nicht mit dem eigentlichen Sinn des eingegangenen

---

[26] Hofstetter, S. 75.

[27] Derendinger, Nr. 324; Fellmann, N 92 ff. zu Art. 399 OR; Gautschi, N 10a zu Art. 399 OR; Guhl/Merz/Druey, S. 498; Hofstetter, S. 75; OR-Weber, N 6 zu Art. 399; Tercier, Partie spéciale, Nr. 2970; Weber, Praxis, S. 104.

[28] Derendiger, Nr. 325; Fellmann, N 110 zu Art. 399 OR; Tercier, Partie spéciale, Nr. 2970; Oser/Schönenberger, N 11 zu Art. 399 OR.

[29] Derendinger, Nr. 327; Gautschi, N 8 zu Art. 399 OR; OR-Weber, N 6 zu Art. 399; Schumacher, Nr. 524.

[30] Vgl. SIA-Ordnung 102, Art. 3.4.3.

"Generalplanervertrages", der in der Regel darin besteht, dem Bauherrn vorteilhafte Haftungsverhältnisse zu verschaffen[31].

310 - Der *unzulässige Beizug von "Subplanern"* ist eine Vertragsverletzung[32]. Dafür haftet der Architekt nach Art. 97 OR, sofern sein Vertragspartner durch die Handlung des "Subplaners" geschädigt wurde und die Schädigung eine adäquat kausale Ursache des Beizugs war[33]. Vor allem aber hat der Architekt die schädigenden Handlungen des "Subplaners" so zu vertreten, als ob "es seine eigenen wären" (Art. 399 Abs. 1 OR)[34].

311 2. Liegt kein (Sonder-)Fall der zulässigen Substitution vor, so haftet der Architekt stets nach Art. 101 OR. Der persönliche Anwendungsbereich der **Hilfspersonenhaftung des Art. 101 OR** erstreckt sich im Auftragsrecht somit auf all jene Dritte, die mangels technischer und wirtschaftlicher Selbständigkeit gar keine Substituten sind[35] oder deren Beizug in Anbetracht der persönlichen Leistungspflicht des Architekten unzulässig war (Nr. 310)[36]. Der Architekten haftet gar generell nach Art. 101 OR für Dritte, die ihm bei der Erfüllung einer Arbeit helfen, die nicht Gegenstand eines Auftrages (sondern eines Werkvertrages) ist[37].

---

[31] Koller, Nr. 414; Schluep, S. 903; Schumacher, Nr. 734. - Dem entspricht es, dass der als Generalplaner eingesetzte Architekt "die Gesamtverantwortung" übernimmt (SIA-Ordnung 102, Art. 7.16.4).

[32] Cerutti, Nr. 459; Derendinger, Nr. 299; Fellmann, N 10 zu Art. 399 OR; Gauch/Schluep, Nr. 2845; Gautschi, N 1a zu Art. 399 OR; Keller/Schöbi, S. 239; OR-Weber, N 5 zu Art. 399; Schumacher, Nr. 525; Spiro, Erfüllungsgehilfen, S. 160; von Tuhr/Escher, S. 122 f.

[33] Derendinger, Anm. 326 zu Nr. 299; Cerutti, Nr. 460; Gauch/Schluep, Nr. 2862; Keller/Schöbi, S. 240; Koller, Nr. 225. - Zu weitgehend: von Tuhr/Escher, S. 124.

[34] Vgl. Cerutti, Nr. 465 ff.; Derendinger, Nr. 299; Fellmann, N 10 ff. zu Art 399 OR; Gauch/Schluep, Nr. 2845; Gautschi, N 1c zu Art. 399 OR; Hofstetter, S. 73; Keller/Schöbi, S. 240; Koller, Nr. 233; Oser/Schönenberger, N 8 zu Art. 399 OR; Weber, Praxis, S. 104.

[35] Koller, Nr. 410; vgl. auch Fellmann, N 37 zu Art. 399 OR.

[36] Gauch/Schluep, Nr. 2845; vgl. aber Cerutti, Nr. 466 f., wonach Art. 101 Abs. 1 OR nur analog zur Anwendung gelange, weil schon Art. 399 Abs. 1 OR die (einschlägige) "eigene, unmittelbar anwendbare Haftungsnorm des Besonderen Teils des OR" darstelle (so auch Fellmann, N 12 zu Art. 399 OR).

[37] Cerutti, Nr. 440; Derendinger, Nr. 312; Gauch, Bauleitung, S. 12.

312 Gemäss Art. 101 Abs. 1 OR hat der Architekt dem Bauherrn den Schaden zu ersetzen, den die Hilfsperson "in Ausübung ihrer Verrichtungen"[38] verursacht. Der *Architekt haftet* somit für das schädigende Verhalten des Dritten ohne eigenes Verschulden, also *kausal*[39]. Von der Haftung kann sich der Architekt nur mit dem Nachweis befreien, "die Hilfsperson habe alle Sorgfalt angewendet, die nach dem Schuldverhältnis von ihm selbst zu erwarten war"[40].

313 *3.* In der **SIA-Ordnung 102** wird die gesetzlichen Ordnung hinsichtlich der Haftung für Substituten[41] und Hilfspersonen[42] nicht abgeändert.

IV. Die Prüfungs- und Rügeobliegenheiten des Bauherrn

314 *1.* Das Werkvertragsrecht enthält in Art. 367/370 OR eine besondere **Prüfungs- und Rügeordnung**. Diese (dispositive[43]) Ordnung greift grundsätzlich auch auf den Architekturvertrag über[44]. Sie gilt für alle *mangelhafte Werke des Architekten* (Art. 368 OR), also namentlich für den (zu) ungenauen Voranschlag (Nr. 137), nicht für andere Vertragsverletzungen[45]. Zur Klarstellung ist beizufügen:

315 Selbstverständlich kommt die Prüfungs- und Rügeordnung nur da zum Tragen, wo die mangelhafte Vertragsleistung des Architekten tatsächlich

---

[38] Vgl. dazu Gauch/Schluep, Nr. 2854 ff.

[39] Gauch/Schluep, Nr. 2825; Koller, Nr. 41.

[40] Gauch/Schluep, Nr. 2873 mit Verweisen.

[41] Schumacher, Nr. 526; Hess, S. 86.

[42] Schumacher, Nr. 522.

[43] Gauch, Werkvertrag, Nr. 1798 ff.; OR-Zindel/Pulver, N 29 zu Art. 367.

[44] Schumacher, Nr. 589; Tausky, S. 240 ff.; Trümpy, S. 54. - Gemäss Abravanel, Qualification, Nr. 119, ist das eine Folge der "absurden Hypothese", dass der Planungsvertrag ein Werkvertrag sei. - Erstaunlicherweise fehlen in den vorformulierten Architekturverträgen z.B. des Bundes, der Migros, der Grossbanken und der Vereinigung der Lebensversicherungen Regelungen über Prüfungs- und Rügeobliegenheiten beim (zu) ungenauen Voranschlag und Planmängeln, die nicht zu einem Mangel am Bauwerk selbst führen.

[45] Gauch, Werkvertrag, Nr. 1485.

dem Werkvertragsrecht (Art. 363 ff. OR) untersteht. Das trifft immer dann zu, wenn der Architekt bloss zur Erstellung des Voranschlages (und allenfalls zur vorherigen Ausarbeitung eines Bauprojektes) verpflichtet wird (Nr. 44). Ist der Architekt hingegen durch einen Gesamtvertrag gebunden, so sind alle Architektenleistungen dem Auftragsrecht (Art. 394 ff. OR) unterworfen (Nr. 19 und 45), weshalb die Regeln von Art. 367/370 OR überhaupt nicht (auch nicht analog) anwendbar sind[46].

316 An sich liegt der Schluss nahe, dass die werkvertraglichen Prüfungs- und Rügepflichten auch für den Gesamtvertrag zu beachten sind, falls man ihn (was abzulehnen ist) als *gemischten Vertrag* qualifizieren würde (vgl. Nr. 46), und zwar soweit es um Fehlleistungen des Architekten geht, die, für sich genommen, mangelhafte Werke (Art. 368 OR) sind. Im bisher einzigen einschlägigen Gerichtsentscheid (des Kantonsgerichts St. Gallen) wurde aber die (teilweise) Übernahme der werkvertraglichen Prüfungs- und Rügeordnung auf den Gesamtvertrag abgelehnt. Zur Begründung führte das Gericht (mit Recht) an, eine Rügepflicht zu bejahen, ist "völlig unpraktikabel, weil vom Bauherrn nicht verlangt werden könne, dass er sich bei jeder Leistung des Architekten vergewärtige, ob sie dem Auftrags- oder Werkvertragsrecht unterstehe und dementsprechend eine Mängelrüge entbehrlich oder notwendig sei"[47].

317 2. Das nach Art. 367 Abs. 1 OR zu **beachtende Verhalten** besteht darin, dass der Besteller das abgelieferte Werk "sobald es nach dem üblichen Geschäftsgang tunlich ist, ... zu prüfen und den Unternehmer von allfälligen Mängeln in Kenntnis zu setzen hat". Unterlässt er das, so wird "stillschweigende Genehmigung (des Werkes) ... angenommen" (Art. 370 Abs. 2 OR). Das hat zur Folge, dass "der Unternehmer von seiner Haftpflicht befreit" wird (Art. 370 Abs. 1 OR). Sind die Mängel "bei der Abnahme und ordnungsgemässen Prüfung (des Werks) nicht erkennbar", sondern treten sie "erst später zutage", so muss der Besteller dem

---

[46] Schumacher, Nr. 586; vgl. auch BGE 110 II 375 ff.

[47] GVP 1986, Nr. 41, S. 81 ff. (= BR 1988, S. 11, Nr. l, mit Kommentar von Merz); vgl. auch Leuenberger, S. 79 f; Trümpy, S. 156.

Unternehmer diese (geheimen) Mängel[48] "sofort nach der Entdeckung"[49] anzeigen; anderenfalls sind seine Ansprüche aus Art. 368 OR, unter Einschluss des Rechts auf Ersatz des Mangelfolgeschadens, auch "rücksichtlich" dieser Mängel verwirkt (Art. 370 Abs. 3 OR)[50]. Auf den Architekturvertrag bezogen, ist vor allem zu beachten:

318 - Der Bauherr erfüllt seine *Obliegenheit zur "ordnungsgemässen Prüfung"* (Art. 370 Abs. 1 OR) des Werks schon dann, wenn er die Prüfung mit der ihm "zumutbaren Aufmerksamkeit" vornimmt[51]. Da sich der Bauherr darauf verlassen kann, dass sein fachkundiger Vertragspartner (der Architekt) fehlerlos arbeitet, kann in der Regel von ihm nicht erwartet werden, dass er Pläne und den Voranschlag noch selbst überprüft oder durchrechnet[52].

319 - Was die *Obliegenheit zur sofortigen Rüge* von "erst später zutage" tretenden Mängeln an Arbeiten des Architekten (Art. 370 Abs. 3 OR) anbelangt[53], so besteht diese nicht schon ab dem Zeitpunkte, da der Bauherr den für ihn nachteiligen Zustand (z.B. die Bausummenüberschreitung) erkennt, sondern erst ab dem Moment, da er auch weiss, dass dieser Zustand auf eine bestimmte Vertragsverletzung des Architekten (z.B. auf einen ungenauen Voranschlag) zurückzuführen ist[54].

320 - Schliesslich sei nochmals gesagt: Nach weiterverbreiteter Auffassung handelt widerrechtlich (Art. 41 Abs. 1 OR), wer - wie der Architekt mit seinem (zu) ungenauen Voranschlag - eine falsche Auskunft erteilt (Nr. 141). Dabei hängt der deliktsrechtliche Schadenersatzanspruch, der in Konkurrenz zum vertraglichen tritt, nach herrschender Auffassung nicht davon ab, ob der Geschädigte seinen Prüfungs- und Rügeobliegenheiten

---

48 Gauch, Werkvertrag, Nr. 1490.
49 Vgl. dazu BGE 118 II 146 ff.
50 Gauch, Werkvertrag, Nr. 1576.
51 Gauch, Werkvertrag, Nr. 1525.
52 Schumacher, Nr. 591.
53 Gauch, Werkvertrag, Nr. 1570.
54 Gauch, Werkvertrag, Nr. 1573.

nachgekommen ist (Nr. 144). Folglich könnte der Bauherr seinen Schaden, der ihm durch den (zu) ungenauen Voranschlag erwächst, trotz versäumter Mängelrüge auf den Architekten abwälzen, indem er den Schadenersatzanspruch[55] mit den Regeln des Deliktsrechts (Art. 41 ff. OR) begründet.

321 3. Die **SIA-Ordnung 102** schreibt vor, dass Mängel des unbeweglichen Bauwerkes unverzüglich beim Architekten zu rügen sind (Art. 1.8.2). Das gilt auch dann, wenn es sich beim Architekturvertrag um einen Auftrag handelt[56]. Diese Regelung ist jedoch für den (zu) ungenauen Voranschlag nicht anwendbar, weil daraus kein Mangel am unbeweglichen Bauwerk entsteht[57]. Gleich verhält es sich im (sonst anders zu behandelnden) Fall, da der Architekt mit einem Planungsfehler unnötige (zusätzliche) Baukosten verursacht (Nr. 150 ff.). Denn auch damit hat der Architekt keinen Mangel am unbeweglichen Bauwerk, sondern bloss (aber immerhin) eine unnötig verteuerte Bauausführung bewirkt (Nr. 152).

V. Die Verjährung der Haftungsansprüche

322 *1.* Schadenersatzforderungen, aber auch die (übrigen) Mängelrechte des Art. 368 OR[58] können durch Zeitablauf entkräftet werden[59], womit sie im Falle einer entsprechenden Einrede des Architekten nicht mehr durchsetzbar sind[60]. Was nun die Bestimmung der einschlägigen **Verjährungsfristen** anbelangt, so ist wiederum zu unterscheiden, ob sich der Streit um ein mangelhaftes Werk im Sinne von Art. 368 OR oder um eine andere Vertragsverletzung des Architekten dreht (Nr. 314):

---

55 Der Bauherr verliert aber auf jeden Fall sein Wandelungs-, Minderungs- oder Nachbesserungsrecht (vgl. Gauch, Werkvertrag, Nr. 1709).

56 Schumacher, Nr. 571.

57 Vgl. Schumacher, Nr. 597.

58 Gauch, Werkvertrag, Nr. 1649.

59 Gauch/Schluep, Nr. 3390.

60 Bucher, S. 445 f.; Gauch/Schluep, Nr. 3484 ff.

323 - Hat der Architekt ein mangelhaftes Werk (Art. 368 OR) abgeliefert und führt das nicht zu einem Mangel am unbeweglichen Bauwerk (Art. 371 Abs. 2 OR)[61], so verjähren die sich daraus ergebenden Haftungsansprüche des Bauherrn *innert eines Jahres seit Ablieferung* des mangelhaften Werkes (Art. 371 Abs. 1 in Verbindung mit Art. 210 OR)[62]. Diese "überaus strenge"[63] Verjährungsvorschrift gilt namentlich dann, wenn der Architekt seinem Vertragspartner einen (zu) ungenauen Voranschlag (und damit ein mangelhaftes Werk) unterbreitet; immer vorausgesetzt, der konkrete Architekturvertrag falle - als "blosser" Planungsvertrag (Nr. 13 ff.) - überhaupt unter das Werkvertragsrecht (Art. 363 ff. OR).

324 Die Verjährungsfrist des Art. 371 Abs. 1 OR ist derart kurz bemessen, dass die Verjährung in den meisten Fällen schon eingetreten ist, wenn der Bauherr - regelmässig durch die Bausummenüberschreitung - vom mangelhaften Voranschlag Kenntnis erhält. Das ist ein bedenkliches Ergebnis[64], wenngleich der Bauherr sich nach herrschender Auffassung seinen Schadenersatzanspruch noch mit einer Klage aus unerlaubter Handlung bewahren kann (Nr. 144). Gauch schlägt daher für diese Fälle eine analoge Anwendung von Art. 134 Abs. 1 Ziff. 6 OR vor, was bedeuten würde, dass die Verjährungsfrist des Art. 371 Abs. 1 OR erst mit Kenntnis des Schadens zu laufen beginnen würde[65]. Ob sich diese Ansicht durchsetzen kann, wird sich weisen. Sicher ist aber, dass die (dispositive[66]) Verjährungsbestimmung des Art. 371 Abs. 1 OR in der Regel nicht zum übrigen Inhalt des Planungsvertrages passt, weshalb der Richter von ihrer Anwendung absehen und statt dessen die Verjährungsfrage aufgrund des

---

[61] Vgl. Gauch, Werkvertrag, Nr. 1666 und 1676; OR-Zindel/Pulver, N 9 zu Art. 371.

[62] Gauch, Werkvertrag, Nr. 1675; Schaub, S. 224; Schumacher, Nr. 581; vgl. auch BGE 109 II 39.

[63] Gauch, Werkvertrag, Nr. 1584.

[64] Gauch, Werkvertrag, Nr. 1624.

[65] Gauch, Werkvertrag, Nr. 1628 ff.

[66] Gauch, Werkvertrag, Nr. 1817 ff; OR-Zindel/Pulver, N 35 zu Art. 371.

hypothetischen Parteiwillens regeln kann[67]. Dabei erscheint mir auf derartige Fälle vor allem die Übernahme der Verjährungsregel des Art. 60 Abs. 1 OR angezeigt, und zwar eher als die analoge Anwendung von Art. 134 Abs. 1 Ziff. 6 OR[68].

325 - Soweit nicht die Voraussetzungen des Art. 371 Abs. 2 OR erfüllt sind, unterliegen die übrigen Fälle der Architektenhaftung der ordentlichen *Zehnjahresfrist* des Art. 127 OR[69]. Diese Frist gilt namentlich da, wo es um den (zu) ungenauen Voranschlag des "Gesamtarchitekten"[70] geht, dessen Architektenvertrag ein einfacher Auftrag (Art. 394 ff. OR) ist (Nr. 45)[71]. Die Zehnjahresfrist gilt auch, falls der Gesamtvertrag (unzutreffenderweise) als gemischter Vertrag qualifiziert wird[72] (vgl. Nr. 316). Die Verjährungsfrist beginnt an dem Tage, da sich der Architekt fehlerhaft verhält; nicht erst mit Eintritt oder gar Kenntnis des Schadens[73].

326 2. Haben die Parteien schliesslich die Verjährungsregel von **Art. 1.8.1 der SIA-Ordnung 102** übernommen, so gilt für Haftungsansprüche, die der Bauherr wegen des (zu) ungenauem Voranschlag (oder vertragswidrig verursachter Zusatzkosten; Nr. 150 ff.) geltend machen kann, stets eine Verjährungsfrist von *zehn Jahren*; das unabhängig davon, ob der Architekt seine Arbeiten aufgrund eines Werkvertrages oder eines Auftrages verrichtet[74]. Ungeregelt ist die Frage des Fristbeginns. Hier gelten meines

---

[67] Vgl. Gauch, Der Totalunternehmervertrag - Von seiner Rechtsnatur und dem Rücktritt des Bestellers (Kommentar zu BGE 114 II 53 ff.), in: BR 1989, S. 42 mit Verweisen.

[68] Vgl. auch Jäggi, Schadenersatzforderung, S. 195; Spiro, Verjährung, S. 688.

[69] BGE 102 II 418 f.; Gauch, Werkvertrag, Nr. 1667; Gautschi, N 22 zu Art. 371 OR; Reber, S. 290; Schaub, S. 224 f.; Schumacher, Nr. 571. - Anders: Trümpy, S. 27 f.

[70] Gauch, Architekturvertrag, Nr. 6.

[71] AGVE 1977, Nr. 8, S. 40 (= BR 1980, S. 28, Nr. 10).

[72] Schaub, S. 224 ff.

[73] BGE 87 II 162 ff.; Gauch/Schluep, Nr. 3446; Hofstetter, S. 109; Schumacher, Nr. 560; Spiro, Verjährung, S. 83; Weber, Praxis, S. 134.

[74] Hess, S. 112; Schumacher, Nr. 561. - Eine zehnjährige Verjährungsfrist ist auch in den meisten übrigen vorformulierten Architekturverträgen vorgesehen (vgl. z.B.

Erachtens die allgemeinen Prinzipien: Massgebend ist beim Auftrag der Zeitpunkt der Vertragsverletzung und beim Werkvertrag derjenige der Ablieferung des (zu) ungenauen Voranschlages (oder mangelhaften Plans)[75].

VI. Die Wirksamkeit von Haftungsbeschränkungsklauseln

1. Im allgemeinen

327 Das Schuldrecht wird von Privatautonomie beherrscht[76]. Daher steht es den Parteien frei, die rechtlichen Konsequenzen der Überschreitung des Voranschlages selbst zu regeln. So können sie die sich aus dem Gesetz ergebende Haftungsordnung verschärfen[77], indem sie zum Beispiel die Anrechnung einer allfälligen Wertsteigerung am Grundstück des Bauherrn (Nr. 241 ff.) zum vornherein wegbedingen. Vielfach wird indessen die Schadenersatzpflicht des Architekten vertraglich eingeschränkt, ausnahmsweise gar völlig ausgeschlossen[78]. Derartige Vereinbarungen sind nicht uneingeschränkt gültig, sondern nur **im Rahmen der zwingenden Vorschriften des Gesetzes**[79]. Hervorzuheben ist vor allem:

328 - Eine gänzliche oder teilweise Freizeichnung von der Haftung ist stets insoweit nichtig, als sie auch die Haftung des Architekten für "rechtswidrige Absicht oder grobe Fahrlässigkeit" umfassen soll (Art. 100 Abs. 1 OR). Eine teilweise oder gänzliche Wegbedingung der Haftung ist somit nur für *leichtes Verschulden* des Architekten überhaupt zulässig[80]. Kein bloss leichtes, sondern ein grobes Verschulden liegt

---

Architekturvertrag Bund, Art. 6; Ergänzung der Grossbanken, Art. 1.8; Migros-Vertrag Architekt, Art. 16).

[75] Schumacher, Nr. 561.
[76] Gauch/Schluep, Nr. 2801.
[77] Gauch/Schluep, Nr. 2804.
[78] Vgl. Gauch, Werkvertrag, Nr. 1856.
[79] Gauch/Schluep, Nr. 2808.
[80] BGE 115 II 479; Keller/Schöbi, S. 243; Weber, Praxis, S. 107.

nach konstanter Praxis des Bundesgerichts vor, "wenn elementare Vorsichtsmassnahmen missachtet wurden, die sich unter den gegebenen Umständen jedem vernünftigen Menschen aufdrängen mussten"[81]. Auf den Architekten bezogen bedeutet das, dass ihm immer ein grobfahrlässiges Handeln vorgeworfen werden kann, falls er elementare Regeln seines - zugebenermassen weiten - Fachgebiets verletzt, die ein sachverständiger Berufskollege bei dieser Arbeit und in dieser Situation zweifelsohne eingehalten hätte[82]. Ein grobes Verschulden ist meines Erachtens zum Beispiel dem Architekten anzulasten, der vertragswidrig seinen Kostenvoranschlag bloss auf eine kubische Berechnung abstützt[83] oder der eigenmächtig vom Projekt abweicht[84].

329 - Der Richter "kann nach Ermessen" (muss aber nicht !)[85] sogar den zum voraus erklärten "Verzicht auf Haftung für leichtes Verschulden" als nichtig betrachten, wenn der Architekt seinen Beruf nur gestützt auf ein *staatliches Fähigkeitszeugnis* ausüben darf (Art. 100 Abs. 2 OR)[86], wie das heute in den Kantonen Tessin, Waadt und Genf der Fall ist[87].

330 - *Für beigezogene Dritte* kann der Architekt seine Haftung völlig wegbedingen. Eine gewichtige Ausnahme besteht im Fall, da der Dritte - als Arbeitnehmer[88] - in seinem "Dienst" steht oder da der Architekt seinen

---

[81] BGE 107 II 167 mit Verweisen.

[82] Schaub, S. 251, Anm. 251.

[83] Vgl. EGV 1985, Nr. 34, S. 102 ff. (= BR 1987, S. 15 f., Nr. 5); GVP 1985, Nr. 44, S. 100 ff. (= BR 1986, S. 61 f. Nr. 84).

[84] Diesfalls wäre eine Haftungsbeschränkung vielfach auch deshalb unbeachtlich, weil der Architekt mit seinem Verhalten gegen die zwingende gesetzlichen Pflicht zur Befolgung der Weisungen des Auftraggebers (Art. 397 OR) verstösst (Derendinger, Nr. 353; Gautschi, N 5a zu Art. 397 OR; Tercier, Partie spéciale, Nr. 2982; Weber, Praxis, S. 108).

[85] Spiro, Erfüllungsgehilfen, S. 356.

[86] Gautschi, N 24e zu Art. 398 OR; Hofstetter, S. 96; Schumacher, Nr. 455.

[87] Knapp Blaise, La profession d'architecte en droit public, in: Gauch/Tercier (Hrsg.), Das Architektenrecht, Freiburg 1985, Nr. 1424 ff.

[88] Koller, Nr. 371; von Tuhr/Escher, S. 130. - Weitergehend: Guhl/Merz/Koller, S. 230, wonach auch ein Subunternehmer und ein Substitut "im Dienste ... des Verzichtenden" stehen würden; vgl. SJZ 68, 1972, S. 92 ff.

Beruf nur gestützt auf ein staatliches Fähigkeitszeugnis ausüben darf. In diesen beiden Fällen kann die Haftung nur für leichtes Verschulden ausgeschlossen werden (Art. 101 Abs. 3 OR)[89].

331 - Schliesslich postuliert Gautschi, eine beschränkte oder völlige Wegbedingung der Haftung des im *Auftragsverhältnis* (Art. 394 ff. OR) arbeitenden Architekten sei grundsätzlich unzulässig, weil sich das nicht mit dem von Art. 398 Abs. 2 OR geforderten "Mass der Sorgfalt" vertrage, das ein "Essentiale der Auftragsausführung" darstelle[90]. Das Bundesgericht hat sich zu dieser Ansicht noch nie explizit geäussert. Sie wird indessen von der Mehrzahl der Autoren abgelehnt[91], und zwar zu Recht: Es ist in der Tat nicht einleuchtend, wieso gerade beim Auftrag das (grundlegende) Prinzip der Vertragsfreiheit (Art. 19 Abs. 1 OR) nicht gelten soll, und es den Parteien nicht freistehen soll, eine für den Auftragnehmer günstigere Haftungsregelung auszuhandeln[92]. Hinzu kommt, dass Art. 398 Abs. 1 OR bezüglich dem "Mass der Sorgfalt" auf die Regelung des Arbeitsvertrages verweist[93]. Der Arbeitnehmer kann aber seine Haftung für leichtes Verschulden ohne weiteres wegbedingen, und in der Praxis wird er - auch ohne entsprechende Vereinbarung - vielfach sogar völlig oder zumindest weitgehend "von der Haftung freigestellt"[94]. Zudem ist meiner Ansicht nach das "Essentiale" des Auftragsrechts nicht die "Pflicht zur Sorgfalt", sondern die Besorgung von Geschäften und Diensten durch einen Selbständigerwerbenden (Art.

---

[89] Koller, Nr. 374 ff.; Schumacher, Nr. 455.

[90] Gautschi, N 29 zu Art. 371 OR und N 25 zu Art. 398 OR. - So auch Keller Alfred, Haftpflicht im Privatrecht, Bd. I, 3. Aufl., Bern 1979, S. 368; Perrin, S. 58 ff..

[91] So z.B. Derendinger, Nr. 350; Fellmann, N 515 zu Art. 398 OR; Gauch/Schluep, Nr. 2820; Hess, S. 98; Kuhn, Auskunft, S. 355; Oser/Schönenberger, N 1 zu Art. 398 OR, OR-Weber, N 34 f. zu Art. 398; Schumacher, Nr. 466; Tercier Partie spéciale, Nr. 3042 ff; Weber, Praxis, S. 107.

[92] Schumacher, Nr. 466.

[93] Vgl. dazu Derendinger, Nr. 259 ff.

[94] Spiro, Erfüllungsgehilfen, S. 345.

394 Abs. 1 OR)[95]. Und schliesslich gilt die "Pflicht zur Sorgfalt" sowieso nicht bloss im Auftragsrecht. Sie beherrscht das Schuldrecht schlechthin!

2. Zur Bestimmung von Art. 1.6 der SIA-Ordnung im besonderen

332 1. Haftungsbeschränkungsklauseln finden sich vor allem in vorformulierten Vertragsbestimmungen (Allgemeinen Geschäftsbedingungen). Die wohl bekannteste einschlägige Bestimmung ist **Art. 1.6 der SIA-Ordnung 102**. Danach hat der Architekt dem Auftraggeber "bei verschuldeter, fehlerhafter Auftragserfüllung" den "entstandenen direkten Schaden zu ersetzen. Dies gilt insbesondere bei Verletzung seiner Sorgfalts- und Treuepflicht, bei Nichtbeachtung oder Verletzung anerkannter Regeln seines Fachgebietes, bei mangelnder Koordination oder Beaufsichtigung, bei ungenügender Kostenerfassung". Dazu vorab drei grundsätzliche Feststellungen:

333 - Die vorformulierten Regeln der SIA-Ordnung 102, namentlich Art. 1.6, erlangen nur *durch Übernahme* in den konkreten Architekturvertrag Geltung (Nr. 21 f.).

334 - Die Bestimmung enthält im zweiten Satz eine *Aufzählung von Haftungsfällen*, die - wie sich schon aus der Verwendung des Wortes "insbesondere" ergibt - *nicht abschliessend* ist[96]. Deshalb haftet der Architekt auch gemäss der SIA-Ordnung 102 grundsätzlich bei jeder Vertragsverletzung und nicht bloss einer von Art. 1.6 namentlich erwähnten. Insoweit besteht keine Haftungsbeschränkung.

335 - Gemäss dem ersten Satz der Bestimmung haftet der Architekt *"bei verschuldeter, fehlerhafter Auftragserfüllung"*. Ob damit auch für den Architekturvertrag, der ein Werkvertrag ist, vom (gesetzlichen) Prinzip der Kausalhaftung (Art. 368 OR)[97] abgewichen wird[98], ist Auslegungsfrage; letztlich aber belanglos. Denn die in Art. 1.6 behan-

---

[95] Derendinger, Nr. 23 ff.; Fellmann, N 21 ff. zu Art. 394 OR.

[96] Hess, S. 92.

[97] Vgl. Gauch, Werkvertrag, Nr. 1025 f.

[98] So z.B. Hess, S. 99.

delte Schadenersatzhaftung des Architekten[99] für "ungenügende Kostenerfassung" ist - werkvertraglich betrachtet - nichts anderes als eine Haftung für einen Mangelfolgeschaden (Nr. 137)[100]. Und diese Haftung ist sowieso eine Verschuldenshaftung[101].

336   2. Art. 1.6 der SIA-Ordnung 102 will nun die Haftung des Architekten auf den "**direkten Schaden**" begrenzen. Im einzelnen:

337   - Weder im Auftrags- noch im Werkvertragsrecht[102] wird zwischen dem "direkten" und dem "indirekten" Schaden unterschieden. Eine derartige Unterscheidung besteht indessen im Kaufrecht: nämlich in Art. 195 Abs. 1 Ziff. 4 und Abs. 2 sowie Art. 208 Abs. 2 und 3 OR. Die herrschende Auffassung nimmt nun an, dass bloss das damnum emergens, also die "positive Vermögensverminderung"[103], direkter Schaden gemäss diesen Vorschriften ist, nicht aber das lucrum cessans, der entgangene Gewinn[104].

338   Dafür, dass die Bestimmung von Art. 1.6 im Sinne dieser (kaufrechtlichen) Regeln zu verstehen ist[105], weshalb die Ersatzpflicht des Architekten auf das *damnum emergens* begrenzt ist, spricht namentlich der Gedanke, dass vertragliche Bestimmungen, die gesetzlichen Vorschriften entsprechen, mangels anderer Anhaltspunkte im Sinne des Gesetzes zu deuten sind[106]. Vorbehalten bleibt

---

[99] Für das Wandelungs- und Minderungsrecht, die nicht die Schadenersatzpflicht des vertragswidrig handelnden Architekten, sondern vor allem dessen Vergütung berühren, ist Art. 1.6 nicht anwendbar.

[100] Gauch, Überschreitung, S. 85.

[101] Gauch, Werkvertrag, Nr. 1328.

[102] Gauch, Werkvertrag, Nr. 1330. - Anders aber: Gautschi, N 11b zu Art. 368 OR.

[103] Gauch/Schluep, Nr. 2709.

[104] BGE 79 II 381; Giger, N 34 zu Art. 195 OR; OR-Honsell, N 7 zu Art. 195; vgl. auch Gautschi, N 11b zu Art. 368 OR; OR-Schnyder, N 4 zu Art. 41. - Anders aber: Fischer Willi, Der unmittelbare und der mittelbare Schaden im Kaufrecht, Diss. Zürich 1985, S. 287 ff.

[105] Vgl. auch Schumacher, Nr. 498.

[106] Gauch/Schluep, Nr. 1230; Tercier, BR 1983, S. 56.

selbstverständlich ein anderes Verständnis der jeweiligen Vertragsparteien, da ja auch Allgemeine Geschäftsbedingungen individuell, anhand der Umstände des Einzelfalles, auszulegen sind[107].

339 - *Nicht wegbedungen* ist grundsätzlich die Ersatzpflicht des Architekten für den (zu) ungenauen Voranschlag, die sich auf den Ersatz des Vertrauensschadens richtet (Nr. 227 ff).

340   Im Lichte des Kausalzusammenhanges betrachtet, könnte man zwar bei extensiver Auslegung auch diesen Schaden als "indirekten" Schaden auffassen[108]. Eine extensive Auslegung des Begriffs des "indirekten" Schadens ist aber weder wünschbar noch verlangt[109]. Ausserdem würde ein Ausschluss der Haftung für den (zu) ungenauen Voranschlag dem in der gleichen Bestimmung aufgestellten Grundsatz widersprechen, wonach eine "Verantwortlichkeit des Architekten" ... "insbesondere ... bei ungenügender Kostenerfassung" besteht.

341 - Nicht ausgeschlossen ist in der SIA-Ordnung 102 die Haftung des Architekten für einen "indirekten" Schaden, den seine *Hilfsperson* anrichtet. Diesbezüglich ist nämlich Art. 1.4.5 der SIA-Ordnung 102 massgebend, wo klar festgehalten wird, dass der Architekt die volle Verantwortung für die von ihm beigezogenen Hilfspersonen trägt[110].

342 3. Schliesslich bestehen noch **Gültigkeitsschranken** in zweifacher Hinsicht:

343 - Einerseits gilt der teilweise Haftungsausschluss von Art. 1.6 der SIA-Ordnung 102 nur im Rahmen der zwingenden Vorschriften des Gesetzes, insbesondere in den Schranken von *Art. 100 Abs. 1 und 2 OR* (Nr. 328 ff.)

344 - Andererseits sind die besonderen Rechtsanwendungsgrundsätze zu beachten, die für Allgemeine Geschäftsbedingungen gelten. Im Vordergrund steht die *Ungewöhnlichkeitsregel*. Danach ist eine

---

107 Gauch/Schluep, Nr. 1241 mit Verweisen.

108 Vgl. Kuhn, Auskunft, S. 352.

109 Vgl. BGE 109 II 25; Jäggi/Gauch, N 447 zu Art. 18 OR.

110 Hess, S. 87.

Bestimmung unverbindlich, die derart ungewöhnlich (überraschend) ist, dass eine global zustimmende Partei bei Vertragsabschluss nicht mit ihr gerechnet hat und auch nicht mit ihr rechnen musste[111]. Ob das auf die Bestimmung von Art. 1.6 zutrifft, ist eine (heikle) Wertungsfrage, die ich bejahen würde[112]. Zwar schliesst die Bestimmung meiner Ansicht nach bloss (aber immerhin) die Haftung für das lucrum cessans aus (Nr. 338), was keine tiefgreifende Abweichung von der gesetzlichen Haftungsordnung darstellt. Allerdings ist der Architekt - wie es Art. 2.2 der SIA-Ordnung 102 formuliert - die Vertrauensperson des Bauherrn. Und von Vertrauenspersonen darf der Bauherr erwarten, dass sie für ihre Fehler die volle Verantwortung tragen und sich nicht mittels vorformulierter Haftungsbeschränkungsklauseln aus der Verantwortung "davonstehlen"[113].

345 Darüber hinaus postuliert ein Teil der Doktrin, dass global übernommene Bestimmungen überhaupt nicht gelten sollen, soweit sie im Widerspruch zum dispositiven Recht stehen und sich dieser Widerspruch nicht mit der Eigenart des konkreten Architekturvertrages rechtfertigen lässt[114]. Ob diese Voraussetzung mit Bezug auf Art. 1.6 erfüllt ist, kann offen bleiben, da meines Erachtens zugunsten des Bauherrn, der diese Bestimmung global übernimmt, schon die Ungewöhnlichkeitsregel spielt[115].

---

[111] BGE 109 II 458 f.; Gauch/Schluep, Nr. 1141 (mit Verweisen)

[112] Anders aber: Hess, S. 98.

[113] Reber, S. 288; Schaub, S. 252 f.; Schumacher, Nr. 462.

[114] Gauch, Architekturvertrag, Nr. 82; Jäggi/Gauch, N 475 zu Art. 18 OR; Schönenberger/Jäggi, N 508 zu Art. 1 OR.

[115] Bejahend: Schumacher, Nr. 461.

4. Kapitel
DIE HAFTUNG DES ARCHITEKTEN AUF VERGÜTUNGSREDUKTION

§ 11. Von der Bemessung der Vergütung im allgemeinen

I. Die vereinbarte Vergütung

346 *1.* Die Höhe der Vergütung richtet sich primär nach der **Parteivereinbarung**:

347 - Immer öfter kommt es vor, dass die Parteien ein *Pauschalhonorar*[1] verabreden, indem das Entgelt des Architekten in einer zum voraus genau bestimmten Geldsumme (einer Pauschale) bestehen soll; das ohne Rücksicht auf den tatsächlichen Arbeitsaufwand des Architekten[2].

348 - Vielfach wird ein *Zeithonorar*[3] vereinbart. Alsdann ergibt sich die geschuldete Vergütung durch Multiplikation des Zeitaufwands des Architekten und seiner Angestellten mit dem verabredeten Honoraransatz[4].

---

[1] Egli, Nr. 844; Fellmann, N 441 zu Art. 394 OR; Gauch, Werkvertrag, Nr. 629; Gautschi, N 76b zu Art. 394 OR; OR-Weber, N 37 zu Art. 394; Reber, S. 280 f.

[2] Egli Nr. 844; Fellmann, N 442 zu Art. 394 OR; Gauch, Werkvertrag, Nr. 631; Gautschi, N 76b zu Art. 394 OR.

[3] Egli, Nr. 849; Fellmann, N 451 zu Art. 394 OR.

[4] Vgl. dazu Derendinger, Nr. 461 und Egli, Nr. 902.

349 - Am häufigsten wird die Vergütung des Architekten nach Prozenten des Interessenwerts (z.B. der tatsächlichen Baukosten) berechnet (*Prozenthonorar*)[5].

350 Allerdings darf beim Vertragsabschluss weder der massgebliche Prozentsatz noch der Interessenwert endgültig fixiert sein. Sonst handelt es sich um ein Pauschalhonorar. Ein Pauschalhonorar ist namentlich die Vergütung, die einen bestimmten Prozentsatz der veranschlagten Bausumme ausmachen soll[6]. Damit wird zum vornherein ausgeschlossen, dass der Bauherr dem Architekten "auf Kostenüberschreitungen ein Honorar schuldet"[7]. Auch hat die Toleranzgrenze keine Auswirkungen auf die Vergütungsberechnung[8]. Vorbehältlich einer anderslautenden Vereinbarung kann der Architekt schliesslich eine Erhöhung der Vergütung nur verlangen, falls er mehr Leistungen als ursprünglich vereinbart erbringen muss[9] oder wenn die Voraussetzungen des Art. 373 Abs. 2 OR erfüllt sind[10].

351 2. "Ohne besondere Vereinbarung gilt" nach der **SIA-Ordnung 102** "der *Kostentarif*" (Art. 7.2.2.). Alsdann ist die Vergütung des Architekten ein gewisser Prozentsatz[11] der "wirklichen Kosten des ausgeführten Bauwerks gemäss Bauabrechnung" (Art. 8.4.1)[12].

352 Wird ein Projekt nicht ausgeführt, weil zum vornherein nur ein Teilauftrag erteilt oder weil der Vertrag vorzeitig aufgelöst wird, "so wird das Honorar für die erbrachten Leistungen aufgrund der letzten Kostenermittlung (z.B. aufgrund des Kostenvoranschlages) berechnet" (Art.

---

5   Egli, Nr. 854; Hofstetter, S. 63.
6   Vgl. SIA-Vertragsformular 1002, Ausgabe 1984, Art. 5.
7   Egli, Nr. 938.
8   Egli, Nr. 938.
9   Egli, Nr. 845.
10 Egli, Nr. 844; Fellmann, N 445 zu Art. 398 OR.
11 Vgl. dazu Art. 8.1 der SIA-Ordnung 102 und Egli, Nr. 919 ff.
12 Nicht zu den "honorarberechtigen Baukosten" gehören die Honorare des Architekten und weiterer Bauplaner, die Kosten für den "Erwerb von Grund und Rechten", die Finanzierungskosten, die öffentlichen Gebühren, die Versicherungsprämien, die Auslagen für Wettbewerbe und Feiern (SIA-Ordnung 102, Art. 8.4.5).

8.5.1). Ob die aufgrund der "letzten Kostenermittlung" errechnete "honorarberechtigte" Bausumme allenfalls um die Toleranzmarge (Nr. 194 ff.) zu erhöhen ist, und ob der Bauherr auch auf der Position "Unvorhergesehenes" (Nr. 213 ff.) ein (prozentuales) Honorar schuldet, ist Auslegungsfrage. Mit Bezug auf die Toleranzmarge spricht schon der Wortlaut von Art. 8.5.1 eher dagegen. Ausserdem ist zu beachten, dass bei Ausführung des Projektes nur (aber immerhin) die "wirklichen Kosten des ausgeführten Bauwerks gemäss Bauabrechnung" "honorarberechtigt" sind (Art. 8.4.1). Diese Kosten können selbstverständlich auch unter den in der "letzten Kostenermittlung" veranschlagten Baukosten liegen. Würde nun auch die Toleranzmarge als "honorarberechtigt" taxiert, so wäre der Architekt, dessen Projekt nicht ausführt wird, unbilligerweise besser gestellt als der, dessen Projekt zur Ausführung gelangt und dessen Kostenvoranschlag eingehalten oder unterschritten wird.

II. Die Bemessung der Vergütung bei fehlender Parteivereinbarung

353 *1.* Haben die Parteien keine Abrede über die Höhe der Vergütung getroffen und untersteht der Architekturvertrag dem **Werkvertragsrecht** (Art. 363 ff. OR) , so bemisst sich die geschuldete Vergütung nach der Regel des Art. 374 OR[13].

354 *2.* Handelt es sich beim Architekturvertrag um einen **Auftrag** (Art. 394 ff. OR), bestimmt sich die Vergütung des Architekten zunächst nach der Übung (Art. 394 Abs. 3 OR)[14]. Alsdann stellt sich die naheliegende Frage, ob die Honoraransätze der SIA-Ordnung 102 Ausdruck der Verkehrsübung sind; dies umso mehr, als keine anderweitige Verkehrsübung auszumachen

---

[13] Egli, Nr. 864 ff.

[14] Gauch, Architekturvertrag, Nr. 17 mit Verweisen.

ist[15]. Die heute wohl herrschende Auffassung verneint das[16], und zwar mit Recht. Denn diese Ansätze sind ein Tarif, den ein interessierter Berufsverband einseitig festgesetzt hat[17]. Gegen die Üblichkeit der Honorarordnung des SIA spricht aber auch der Umstand, dass Architekten immer häufiger Honorare versprechen, die erheblich unter diesem Tarif liegen.

355 Da eine einschlägige Verkehrsübung hinsichtlich der Höhe des Architektenhonorars zu verneinen ist, hat der Richter den Vertrag nach dem hypothetischen Willen der Parteien zu ergänzen[18]. Bei seinem Entscheid soll er sich vor allem vom Gedanken leiten lassen, "dass die Vergütung den geleisteten Diensten entsprechen, ihnen objektiv angemessen sein muss"[19]. Das führt in den meisten Fällen dazu, dass der Richter bei der Bestimmung der geschuldeten Vergütung auf die im Art. 374 OR umschriebenen Bemessungskriterien, also auf den Aufwand des Beauftragten und den Wert seiner Arbeit, abstellt[20].

III. Unnötiger Aufwand des Architekten

356 Der Bauherr hat nur diejenigen Arbeiten des Architekten zu vergüten, die dieser "den Umständen nach für erforderlich halten" durfte[21]. Für **unnö-**

---

[15] Egli, Nr. 871 ff.

[16] BGE 117 II 284 ("... Demgegenüber anerkennt das Bundesgericht beispielsweise die Normen der SIA nicht als regelbildene Übung und stellt bloss darauf ab, wenn die Parteien sie zum Vertragsinhalt erhoben haben"); Abravanel, Devoirs, Nr. 304; Gauch, Architekturvertrag, Nr. 71; Egli, Nr. 873 (mit eingehender Begründung); Jäggi/Gauch, N 403 zu Art. 18 OR; vgl. auch LGVE 1987 I, Nr. 21, S. 57 ff. (= BR 1989, S. 17, Nr. 7). - Anders aber: AB OGr. BL 1990, S. 46 (= BR 1992, S. 36, Nr. 67).

[17] Egli, Nr. 878; Jäggi/Gauch, N 403 zu Art. 18 OR.

[18] Derendinger, Nr. 421; Egli, Nr. 882; Fellmann, N 466 zu Art. 394 OR.

[19] BGE 117 II 284; 101 II 111; Egli, Nr. 882.

[20] BGE 117 II 285; Derendinger, Nr. 422; Egli, Nr. 882; Fellmann, N 413 zu Art. 398 OR; Hofstetter, S. 62 f.

[21] § 670 BGB; vgl. auch Max. 1978, Nr. 421, S. 482 (= BR 1981, S. 12 f., Nr. 4).

tigen Aufwand besitzt der Architekt keinen Honoraranspruch[22]. Erkennt der Architekt zum Beispiel, dass eine vom Bauherrn gesetzte Kostenlimite nicht eingehalten oder eine Kostenschätzung massiv überschritten wird, so hat er die Planungsarbeiten (mit Ausnahme der dringlichen Vorkehren) einzustellen und neue Weisungen des Bauherrn einzuholen. Die trotzdem ausgeführten (für den Bauherrn unbrauchbaren) Planungsarbeiten müssen dem Architekten nicht vergütet werden[23].

---

[22] BGE 117 II 285; Derendinger, Nr. 461; Fellmann, N 532 zu Art. 394 OR; Gauch, Werkvertrag, Nr. 666; Schumacher, Nr. 687.

[23] Vgl. BGE 108 II 198 f.; Schumacher, Nr. 613.

§ 12. Die Vergütung des Architekten bei fehlerhafter Erfüllung

I. Vom Verhältnis der Ansprüche des Bauherrn auf Schadenersatz und Vergütungsreduktion

357 *1.* Nach *herrschender Praxis und Lehre* ist die volle Vergütung nur bei vertragsgemässer Ausführung des **Auftrages** (Art. 394 ff. OR) geschuldet. Deshalb entfällt nach dieser Auffassung bei Vertragsverletzungen der Vergütungsanspruch des Beauftragten ganz oder teilweise; das unabhängig davon, ob der Beauftragte seinem Vertragspartner den angerichteten Schaden ersetzt oder nicht[1].

358 Eine *neuere Doktrin*, die Derendinger[2] entwickelt hat und von den Kommentatoren Fellmann[3] und Weber[4] übernommen wird, rückt den Äquivalenzgedanken in den Vordergrund. Doch vertritt diese Doktrin die Ansicht, dass der Schädiger schon durch seine Schadenersatzleistung das gestörte Äquivalenzverhältnis zwischen Leistung und Gegenleistung kompensieren kann; jedenfalls immer dann, wenn er den Geschädigten wertmässig und tatsächlich so stellt, wie wenn der Vertrag richtig erfüllt worden wäre. Deshalb belässt sie dem Beauftragten, der seinen Vertragspartner namentlich am Vermögen schädigt und diese Schädigung ausgleicht, den Anspruch auf ungekürzte Vergütung[5].

359 Der neueren Auffassung kann *meines Erachtens* nicht beigepflichtet werden. Zwar ist es durchaus richtig, dass der Auftraggeber bei reinen Vermögensschäden durch die Ersatzleistung so gestellt wird, wie wenn der Vertrag richtig erfüllt worden wäre. Das ist ja gerade Sinn und Zweck des

---

1 BGE 110 II 379; 108 II 198; 87 II 293; Urteil des Kantonsgerichts St. Gallen vom 10. 12.1990, in: AJP 1992, S. 131 ff.; ZR 83, 1984, Nr. 91, S. 231 (= BR 1985, S. 14, Nr. 1); Becker, N 21 zu Art. 394 OR; von Büren, Besonderer Teil, S. 138; Egli, Nr. 1006; Engel, Contrats, S. 456; Gautschi, N9b zu Art. 402 OR; Guhl/Merz/Druey, S. 500; Leuenberger, S. 44; Schumacher, Nr. 549; Tercier, Partie spéciale, Nr. 3072.

2 Derendinger, Nr. 436 ff.

3 Fellmann, N 502 ff. zu Art. 394 OR.

4 OR-Weber, N 43 zu Art. 394.

5 Derendinger, Nr. 446; Fellmann, Nr. 535 zu Art. 394 OR; OR-Weber, N 43 zu Art. 394.

Schadenersatzes[6]. Dagegen wird der Minderwert der Vertragsleistung des Beauftragten durch die Schadenersatzleistung nicht beseitigt. Die Äquivalenzstörung zwischen der (minderwertigen) Leistung des Beauftragten und der dafür an sich geschuldeten Gegenleistung des Auftraggebers wird somit durch die Schadenersatzleistung nur dem Scheine nach, nicht wirklich ausgeglichen. Eine tatsächliche Kompensation erfolgt vielmehr erst dann, wenn auch die Vergütung entsprechend dem Minderwert gekürzt wird, den die Vertragsleistung des Beauftragten aufweist[7]. Somit bleibt es dabei, dass auch der Beauftragte, der den von ihm verursachten Vermögensschaden ersetzt, sich eine Vergütungsreduktion gefallen lassen muss.

360 Diese Auffassung wird durch Art. 402 Abs. 1 OR bestärkt. Nach dieser Bestimmung sind dem Beauftragten bloss die Auslagen (und Verwendungen) zu ersetzen, "die dieser in richtiger Ausführung des Auftrages gemacht hat". Es drängt sich nun geradezu auf, dem Anwendungsbereich dieser Vorschrift die ganze Vergütung des Beauftragten und nicht bloss die darin namentlich erwähnten Auslagen zu unterwerfen[8]; zumal die Auslagen letztlich auch zur Vergütung gehören[9].

361 Und schliesslich wird in Art. 368 Abs. 2 OR ausdrücklich zum Grundsatz erhoben, dass der Besteller eines Werkes (Art. 363 OR) sein Recht auf Vergütungsminderung mit dem Recht auf Schadenersatz kumulieren darf[10]. Auch im Lichte dieses Prinzips erscheint es nicht richtig, dem vertragswidrig sich verhaltenden Beauftragten in gewissen Fällen die volle Vergütung zu belassen; vielmehr ist sie gemäss dem Minderwert herabzusetzen, den seine Arbeit hat (Nr. 363).

362 2. Dem Gesagten zufolge steht fest, dass bei **Vertragsverletzungen des Architekten** das Recht des Bauherrn auf Vergütungsreduktion *kumulativ* zum Schadenersatzrecht hinzutritt. Keine Rolle spielt dabei, ob es sich beim

---

[6] Keller/Schöbi, S. 2.
[7] Vgl. Gauch, Werkvertrag, Nr. 1137.
[8] Von Büren, Besonderer Teil, S. 138.
[9] Egli, Nr. 837.
[10] Gauch, Werkvertrag, Nr. 1304; OR-Zindel/Pulver, N 68 zu Art. 368.

konkreten Architekturvertrag um einen Auftrag oder um einen Werkvertrag (Nr. 361) handelt.

II. Vom Umfang der Vergütungsreduktion

363   Trotz seines vertragswidrigen Verhaltens verliert der Architekt seinen Anspruch auf die vereinbarte (Nr. 346 ff.) oder allenfalls vom Richter zu bestimmende (Nr. 353 ff.) Vergütung in der Regel (vgl. aber Nr. 365) nicht vollständig[11]. Die Vergütung ist vielmehr **entsprechend dem Minderwert** herabsetzen, den die Gesamtleistung des Architekten wegen der fehlerhaft erbrachten Arbeitsleistung hat (Art. 368 Abs. 2 OR)[12]. Der Herabsetzungsbetrag ist dabei nach der sogenannten "relativen Berechnungsmethode" zu ermitteln[13]. - Ausserdem bleibt zu beachten:

364   - Hat der Architekt seinen Voranschlag vertragswidrig *bloss* auf eine *überschlägige Kostenkalkulation* (anstatt auf eine detaillierte Berechnung) abgestützt und ist die Kostenvorhersage trotzdem hinreichend genau (Nr. 194 ff.), so kann insoweit nicht von einem Minderwert dieser Architektenleistung gesprochen werden, als die Kostenprognose ihren Zweck erreicht. Meines Erachtens kann der Architekt aber trotzdem nicht das volle vereinbarte Pauschal- oder Prozenthonorar (Nr. 347 ff.) einfordern[14]. Der Architekt hat ja nicht die versprochene Leistung und damit das Äquivalent für die abgemachte Vergütung erbracht, sondern er hat vertragswidrig eine vom Aufwand her erheblich "billigere Lösung" gewählt, der überdies das Risiko einer erheblichen Fehlschätzung anhaftet (Nr. 52). Darum ist die Vergütung des Architekten um den Wert des "eingesparten Aufwandes" herabzusetzen, und der Bauherr schuldet für diese Arbeit (die Kostenschätzung) nur die dem tatsächlichen Aufwand

---

11   Vgl. z.B. BGE 108 II 199; Rep. 103, 1970, S. 210; ZR 1984, 83, Nr. 91, S. 229 (= BR 1985, S. 14, Nr. 1); Tercier, Partie spéciale, Nr. 3072; Schumacher, Nr. 687.

12   Diese Regel gilt für fehlerhafte Arbeiten des Beauftragten ananlog (Derendinger, Nr. 450; Fellmann, N 537 zu Art. 394 OR).

13   Vgl. dazu Gauch, Werkvertrag, Nr. 1168 ff.

14   Bestimmt sich das Architektenhonorar nach Aufwand, ist selbstverständlich nur das dem tatsächlichen (und erforderlichen) Aufwand des Architekten entsprechende Honorar geschuldet (Derendinger, Anm. 170 zu Nr. 446).

entsprechende Vergütung[15]. Das rechtfertigt sich auch deshalb, weil der Architekt sich durch sein vertragswidriges Vorgehen die Möglichkeit geschaffen hat, die "gesparte Zeit" anderweitig gewinnbringend einzusetzen[16].

365 - Hat der Architekt - aufgrund eines Werkvertrages (Art. 363 OR) - nur die Erstellung des Kostenvoranschlages geschuldet (Nr. 43) und ist der abgelieferte Kostenvoranschlag nicht genügend genau (und deshalb mangelhaft), so darf der Bauherr die *Wandelung des Vertrages* verlangen, sofern ihm die Annahme des (zu) ungenauen Voranschlages "billigerweise" (Art. 368 Abs. 1 OR) nicht zugemutet werden kann[17]. Diesfalls erlischt die Forderung des Architekten auf Leistung einer Vergütung vollständig[18].

366 - Ein Wandelungsrecht steht gegebenenfalls auch dem Bauherrn zu, dessen Architekt ein Projekt abliefert, das deshalb ein mangelhaftes Werk (Art. 368 OR) ist, weil es sich nicht an die gesetzte *Kostenlimite* hält (Nr. 73). Der Bauherr kann aber dann nicht die Wandelung des ganzen (Werk-)Vertrages verlangen, wenn der Architekt "nur" die Realisierungskosten des (von ihm erstellten) Projektes zu ungenau veranschlagt hat. Auch eine hinreichend genaue Kostenvorhersage hätte keine Änderung am Projekt bewirken können, worauf sie sich bezogen hat. Deshalb geht es nicht an, dem Architekten die Vergütung für die Erstellung der (mängelfreien) Pläne mit dem Argument zu verweigern, er habe deren Realisierungskosten falsch eingeschätzt.

367 - Schliesslich können die Parteien die Entstehung der Vergütungsforderung vom Eintritt einer Suspensivbedingung abhängig machen[19], indem sie beispielsweise vereinbaren, dass die festgelegte

---

[15] Vgl. Derendinger, Nr. 441. - Es ist demnach gleich zu verfahren, wie wenn die Parteien über die Höhe der Vergütung für diese Arbeit nichts vereinbart hätten.

[16] Derendinger, Anm. 170 zu Nr. 446.

[17] Vgl. dazu Gauch, Werkvertrag, Nr. 1076 ff.

[18] Gauch, Werkvertrag, Nr. 1053.

[19] Derendinger, Nr. 416; Gautschi, N 76d zu Art. 394 OR.

Vergütung nur bei Einhaltung des Kostenvoranschlages geschuldet sei[20]. Das ist jedoch eine seltene Ausnahme.

III. Gemäss der SIA-Ordnung 102

368 *1.* **Art. 1.12 der SIA-Ordnung** bestimmt: "Das Honorar soll der erbrachten Leistung entsprechen. Das volle Honorar ist nur für die vertragsgemäss erbrachte Leistung geschuldet". Bei Vertragsverletzungen des Architekten hat der Bauherr demnach auch nach der SIA-Ordnung 102 grundsätzlich ein *Recht auf Vergütungsreduktion*[21]. Insoweit ist die Regel klar.

369 Klar erscheint mir auch, dass der Bauherr seine Ansprüche auf Vergütungsminderung und Schadenersatz *kumulieren* darf[22]. Das folgt nicht bloss aus den vorne entwickelten allgemeinen Prinzipien (Nr. 359 ff.). Vielmehr ergibt sich das ebenso daraus, dass sich die Vorschrift von Art. 1.12 stark an Art. 402 Abs. 1 OR anlehnt.

370 Ungeregelt ist aber die Frage nach dem *Umfang der Vergütungsreduktion* Meiner Ansicht nach gilt hier wiederum der allgemeine Grundsatz, wonach die Vergütung entsprechend dem Minderwert herabzusetzen ist, den die Gesamtleistung des Architekten infolge der fehlerhaft erbrachten Arbeitsleistung aufweist (Nr. 363). Als Hilfsmittel für die Bestimmung des Minderwerts kann (und soll) die "Leistungstabelle" des Art. 3.6 der SIA-Ordnung 102 dienen[23].

371 *2.* Nach der SIA-Ordnung 102 bestimmt sich die **Höhe der Vergütung** des Architekten namentlich nach den "wirklichen Kosten des ausgeführten Bauwerks gemäss Bauabrechnung" (Art. 8.4.1). Allerdings stellt sich die Frage, ob das auch dann gilt, wenn der Architekt die wirklichen Kosten nicht genügend genau vorhergesagt hat. Diese Frage ist wie folgt zu beantworten:

---

20 Gauch, Überschreitung S. 86.

21 Hess, S. 129.

22 So auch Hess, S. 129.

23 Nach dieser Tabelle beträgt der "Leistungswert" der "Grundleistung Kostenvoranschlag" 9 %, gemessen an allen anderen "Grundleistungen" des Architekten (von der "Problemanalyse" bis zur "Leitung der Garantiearbeiten").

372   Die Vorschrift von Art. 8.4.1 greift schon gemäss ihrem Wortlaut nicht immer, sondern bloss "in der Regel" Platz. Zieht man noch die "Honorierungsgrundsätze" des Art. 1.12 in Betracht, wonach das volle vereinbarte Honorar nur für die vertragsgemäss erbrachte Leistung geschuldet ist, so gelangt man zur Erkenntnis, dass die in Art. 8.4.1 vorgesehene Honorarberechnung aufgrund der wirklichen Kosten nur zum Tragen kommt, falls der Architekt die Kosten genügend genau veranschlagt hat. Nicht erfasst ist davon der Fall, da der Architekt die Kosten zu ungenau angegeben hat (oder da der Architekt vertragswidrig gar Zusatzkosten verursacht hat). Insoweit besteht eine Vertragslücke, die der Richter gemäss dem hypothetischen Willen der Parteien auszufüllen hat. Dabei hat er darauf abzustellen, was "vernünftige und redliche Parteien" vereinbart hätten, "falls sie beim Vertragsabschluss die offen gebliebene Rechtsfrage ('der honorarberechtigten Baukosten') geregelt und so die Vertragslücke vermieden hätten"[24]. Die herrschende Auffassung nimmt (zwar ohne nähere Begründung) nun an, dass im Falle des (zu) ungenauen Kostenvoranschlages eine (prozentuale) Vergütung nur auf der veranschlagten Bausumme zuzüglich der Toleranzmarge geschuldet sei[25]. Dieser Ansicht ist beizupflichten, da sie im Einklang mit dem hypothetischen Willen der Parteien steht: "Vernünftige und redliche Vertragsparteien" würden sicher gewollt haben, dass der Architekt, der die Kosten zu ungenau veranschlagt hat, sein Honorar bloss aufgrund der vorhergesagten Kosten (zuzüglich der Toleranzmarge) berechnen könne. Allerdings sind - was häufig übersehen wird - von den veranschlagten Kosten stets die "nicht honorarberechtigten Baukosten" des Art. 8.4.5 in Abzug zu bringen, und zwar gemäss dem im Voranschlag angegebenen Betrag[26].

---

[24] Gauch/Schluep, Nr. 1257.

[25] Vgl. z.B. Rep. 120, 1987, S. 216 (= BR 1988, S. 63 f. Nr. 62); RJN 1980/81, S. 77 (= BR 1984, S. 13 f, Nr. 3); Cottier, S. 9; Lauer, S. 406; Schumacher, Nr. 689; Tercier, BR 1988, S. 64.

[26] Vgl. SIA-Ordnung 102, Art. 8.5.1.

Anhang:
DAS URTEIL DES BUNDESGERICHTS VOM 22. JULI 1993 I.S. D. C. T.[1]

(zur Publikation bestimmt im Band 119, Teil II)

I. Der Fall

373 Mit Vertrag vom 24. September 1984 übertrug der Bauherr T. dem Architekten D. die Planung und Leitung der Realisierung eines "Einfamilienhauses mit Atelierhaus" in Siglisdorf/AG. In der Folge arbeitete der Architekt aufgrund der Baueingabepläne, der Unternehmerofferten "sowie der Referenzpreise (Stand 1984/1985)" einen detaillierten Kostenvoranschlag aus, worin er die mutmasslichen Baukosten mit Fr. 705'000.-- angab. Gestützt auf den Voranschlag, den ihm der Architekt am 12. Februar 1985 unterbreitet hatte, reichte der Bauherr ein Finanzierungsgesuch bei seiner Bank ein.

374 Ungefähr 20 Tage nach Baubeginn, am 24. Juni 1985, zeigte der Architekt dem Bauherrn an, dass der Kostenvoranschlag um etwa Fr. 100'000.-- überschritten werde. Nachher kam es zu Differenzen zwischen den Parteien, was dazu führte, dass der Architekt "seine Verpflichtungen per 20. Januar 1986, 10.15 Uhr, einstellte". Ab diesem Zeitpunkt übernahm der Bauherr die Bauleitung selbst. Das Haus war im März 1986 bezugsbereit, fertiggestellt aber erst im September 1986. In der Schlussabrechnung wurden die Erstellungskosten mit Fr. 1'415'985.10 beziffert.

375 Der Bauherr verklagte daraufhin den Architekten auf Bezahlung von Schadenersatz. Nach teilweiser Gutheissung der Klage durch das Bezirksgericht Frauenfeld und das Obergericht des Kantons Thurgau gelangte die Streitsache infolge Berufung des beklagten Architekten an das Bundesgericht. Das Bundesgericht wies die Berufung ab.

---

1 Vgl. auch die Urteilsbesprechungen von Heinrich Honsell (in: AJP 1993, S. 1260 ff.) und Franz Werro (in: BR 4/93).

II. Der Entscheid

1. Zur anwendbaren Haftungsnorm

376 Zunächst hatte das Bundesgericht die **Vorfrage nach der anwendbaren Haftungsnorm** zu beantworten: Beim vorliegenden Vertrag handelte es sich zwar um einen Gesamtvertrag, und die Vertragsverletzung des Architekten bestand einzig in der Vorlage eines ungenauen Voranschlages (E. 3 b, aa). Das hindert das Gericht indessen nicht, diesen Sachverhalt nach der Bestimmung von *Art. 398 Abs. 2 OR* zu beurteilen (E. 3 b).

377 Die Einordnung dieses Haftungsfalls unter das Auftragsrecht deckt sich mit meiner Auffassung (Nr. 45). Doch setzt sich das Bundesgericht damit gleichzeitig in Widerspruch zu seinen Entscheiden BGE 109 II 462 ff. und 114 II 53 ff., in denen es den Gesamtvertrag als gemischten Vertrag qualifiziert hat. Denn: Die Erstellung des Kostenvoranschlages ist, für sich genommen, Gegenstand einer werkvertraglichen Unternehmerleistung (Nr. 43). Und bei konsequenter Weiterführung seiner bisherigen Idee über die Qualifikation des Gesamtvertrages hätte das Bundesgericht die Haftung des Architekten für den ungenauen Voranschlag Art. 367 - 371 OR (und nicht Art. 398 Abs. 2 OR) unterwerfen müssen.

2. Zur Bestimmung des Schadens

378 *1.* Die **Hauptfrage**, mit der sich das Bundesgericht auseinandersetzen musste, betraf die **Schadensbestimmung.** Die *einschlägigen Entscheidstellen* lauten:

379 "3. ... aa) Im Rahmen der Haftung des Architekten bei Überschreitung des Kostenvoranschlages *ist zwischen der Haftung für verursachte Zusatzkosten und jener für Bausummenüberschreitung,* das heisst für die Überschreitung der durch Kostenvoranschlag berechneten Bausumme, *zu unterscheiden*[2]. Der Grund für die Bausummenüberschreitung - wie sie hier vorliegt - besteht darin, dass die vom Architekten erstellte Kostenberechnung ungenau war. ...

380 Nach zutreffender Auffassung stellt ein ungenauer Kostenvoranschlag - wobei dem Architekten mit Rücksicht auf die damit verbundenen Unsicherheiten

---

[2] Sämtliche Hervorhebungen nicht original.

eine Toleranzgrenze zugebilligt wird - eine unrichtige Auskunft des Architekten über die zu erwartenden Baukosten dar. Es liegt eine Schlechterfüllung des Vertrages vor, wofür der Architekt bei Verschulden haftet. Nach Gauch (Überschreitung, S. 81) richtet sich die Haftung für Falschauskunft auf den *Ersatz des 'Vertrauensschadens'*, der dem Bauherrn daraus erwächst, dass er auf die Richtigkeit des Kostenvoranschlages vertraut und dementsprechend seine Dispositionen getroffen hat. Dieser Schaden kann namentlich darin bestehen, dass das Bauwerk auf billigere Weise hätte realisiert werden können.

381 bb) Bei der Ermittlung des Schadens kann diesfalls nicht auf den Mehrwert der Baute, den diese durch die Kostenüberschreitung erfahren hat, abgestellt werden. Die Anrechnung des vollen Mehrwerts bedeutete eine Benachteiligung des Bauherrn, soweit dieser den Mehrwert nicht gewollt hat. Es kann für die Schadensberechnung infolgedessen nicht einfach die objektive Wertsteigerung der gesamten Liegenschaft in Anschlag gebracht werden, sondern es ist von einem subjektiven Wert, den die Baute für den betreffenden Bauherrn aufweist, auszugehen ... Der Schaden des Bauherrn, den dieser durch die Überschreitung des Kostenvoranschlages erleidet und der mit Gauch (a.a.O.) als Vertrauensschaden zu bezeichnen ist, entspricht daher nicht dem objektiven Minderwert der Baute, sondern ergibt sich aus der Differenz zwischen den effektiven Erstellungskosten und dem subjektiven Wert der Baute. Er stellt die vertragsbezogene Verschlechterung der Vermögenslage des Bauherrn dar. Zur Berechnung des Schadens ist dabei immer von der Vertragsgrundlage auszugehen. Wird während der Bauausführung von dieser vertraglichen Vereinbarung abgewichen, stellen die dadurch verursachten Mehraufwendungen einen subjektiven *Schaden* des Bauherrn dar. Dazu gehören auch solche *Mehrkosten, die* nicht vom Bauherrn verursacht und *vom Architekten pflichtwidrig nicht vorausgesehen wurden.* Der Architekt haftet indessen nicht für Mehrkosten für Unvorhersehbares.

382 Diese Grundsätze der Schadensberechnung ergeben sich auch aus sinngemässer Anwendung von Art. 672 Abs. 3 ZGB, wonach es nicht auf die objektive Wertsteigerung, die das Grundstück durch den Bau bzw. die Kostensteigerung erfahren hat, ankommt, sondern einzig auf das persönliche Interesse des Grundeigentümers an dem Bau (BK-Meier-Hayoz, N 18 zu Art. 672 ZGB; vgl. auch BGE 99 II 149 E c.). *Ein Mehrwert, der vom Bauherrn nicht gewollt und für ihn nutzlos ist oder dessen Berücksichtigung zu einer untragbaren finanziellen Belastung des Bauherrn führt, ist daher von der Anrechnung auszunehmen* (Gauch, a.a.O., S. 85)."

383 Das Bundesgericht versteht alsdann im konkreten Fall als *subjektiven Wert*, den das Haus für den Bauherrn aufweist, den "Höchstbetrag", von dem der Bauherr bei Baubeginn ausgehen durfte, nämlich *die veranschlagten Kosten*

plus 10 % Toleranz; dazu addiert es noch die "vom Kläger (dem Bauherrn) zu vertretenden Mehrleistungen" (E. 3 c).

384 2. Diese Erwägungen **bestätigen meine Thesen** in vielen Punkten: Erstens bekräftigt jetzt das Bundesgericht (Nr. 379), dass die Haftung für vertragswidrig verursachte Zusatzkosten und jene für den (zu) ungenauen Voranschlag auseinanderzuhalten sind (Nr. 133 und 158). Zweitens besteht der Schaden bei eigenmächtigen Projektänderungen des Architekten auch gemäss dem Entscheid (Nr. 381) in den entsprechenden Zusatzkosten (Nr. 169 ff.). Was nun die Haftung für den ungenauen Voranschlag anbelangt, so stützt das Urteil (Nr. 380) drittens meine Auffassung (Nr. 187 und 189 ff.), dass dem Architekten (wegen des Prognose-Charakters des Voranschlages) eine gewisse Toleranzgrenze einzuräumen ist. Des weiteren teilt das Gericht (Nr. 381) viertens meine Ansicht (Nr. 182), wonach Mehrkosten aus unvorhersehbaren Umständen keinen Einfluss auf die Haftung des Architekten haben (weil sie eben nicht zum Gegenstand des Voranschlages gehören). Gleich verhält es sich fünftens mit der höchstrichterlichen Erkenntnis (Nr. 380), die Haftung des Architekten für den (zu) ungenauen Voranschlag richte sich prinzipiell auf den Ersatz des Vertrauensschadens, der sich namentlich daraus ergeben könne, dass der Bauherr bei einem hinreichend genauen Voranschlag billiger gebaut hätte (Nr. 227 ff.). Und sechstens gelangt schliesslich das Bundesgericht (allerdings mit einer anderen Begründung, Nr. 382) ebenfalls zum Schluss, dass von der Berücksichtigung der Wertsteigerung insoweit abzusehen ist, als dies zu einer finanziellen Notsituation beim Bauherrn führt (Nr. 250 ff.).

385 3. Für die Ermittlung des konkreten Vertrauensschadens stellt das Bundesgericht auf den subjektiven Wert der Baute ab. Als solchen bezeichnet es die veranschlagten Kosten (allenfalls zuzüglich Toleranz und Mehrkosten infolge von Zusatzwünschen des Bauherrn). Dabei nimmt es scheinbar an, dass der "nicht gewollte" Mehrwert für den Bauherrn zugleich "nutzlos" sei. Insofern besteht nun eine **Differenz zu meinen Ansichten**[3]: Einmal abgesehen davon, dass der Voranschlag des Architekten nach der

---

3   Zu beachten ist, dass der Fall eben auch aufgrund der konkreten Parteivorbringen entschieden werden musste. In diesem Zusammenhang fällt namentlich die Feststellung des Bundesgerichts auf, dass "... der Wert des Hauses vom Beklagten (dem Architekten) nicht bzw. nicht substanziiert bestritten wurde".

Betrachtungsweise des Bundesgerichts praktisch die Bedeutung einer Bausummengarantie (Nr. 79 ff.) erlangt, werden mit der im Entscheid vorgenommen *(Bau-)Wertermittlung* die Vermögensverhältnisse des (durch einen ungenauen Voranschlag) vermeintlich oder wirklich geschädigten Bauherrn (wohl auch des klagenden T.) nicht realistisch wiedergegeben. Namentlich kann auch die "nicht gewollte" Wertsteigerung für den Bauherrn (z.B. bei einem späteren Verkauf oder einer Vermietung seiner Liegenschaft, aber auch wegen des grösseren Wohnkonforts) durchaus von Nutzen sein.

386 Darum bleibe ich dabei: Der gegenwärtige Vermögensstand des Bauherrn wird in den weitaus meisten Fällen am besten erfasst, wenn auf die Erstellungskosten der Baute, also auf den *Sachwert*, abgestellt wird, welcher Auffassung unter anderem auch der deutsche Bundesgerichtshof ist (Nr. 242)[4]. Fragen könnte man sich höchstens, ob es bei fremdgenutzten Bauten auf den Ertragswert ankomme[5]. Das erscheint mir aber deshalb nicht richtig, weil sich der Ertragswert nicht bloss aus dem Wert der Baute ergibt, worauf (bloss) sich der Voranschlag des Architekten bezieht und der Architekt überhaupt "Einfluss hat"[6]. Übrigens ist auch Gauch, dessen Gedanken hinsichtlich des subjektiven Wertes und der analogen Anwendung von Art. 672 Abs. 3 ZGB im Urteil übernommen werden, der Ansicht, dass der Richter für die Wertermittlung von selbstgenutzten Bauwerken auf den Sachwert (und nicht auf die veranschlagten Kosten) abstellen darf (und soll)[7]. Sogleich sei aber (nochmals) deutlich gesagt:

387 - Hat der Bauherr ein Bauwerk erstellen lassen, bei dem auch "Bauarbeiten, die lediglich der Verschönerung, der Ansehnlichkeit der Sache oder der Bequemlichkeit im Gebrauch dienen" (Art. 647 e ZGB) verrichtet wurden, so besteht - was vielfach übersehen wird[8] - regelmässig eine Differenz zwischen den Kosten und dem (Sach-)Wert. Diese Differenz ist Schaden, den der Architekt dem Bauherrn zu

---

4 Bestätigt durch BauR 1993, S. 628 f.
5 So offenbar der BGH, in: BauR 1979, S. 74 f.
6 Vgl. Nägeli/Hungerbühler, S. 94 ff; Kunz, S. 148.
7 Gauch, Überschreitung, S. 85.
8 Z.B. auch in den in Anm. 1 zit. Urteilsbesprechungen.

ersetzen hat, den er mit seinem nicht hinreichend genauen Voranschlag zu solchen Arbeiten verleitet hat (Nr. 244). Das gleiche gilt, wenn der Bauherr im Vertrauen auf die Richtigkeit des Voranschlages sich - wie im vorliegend zu beurteilenden Fall - nachträglich zu zusätzlichen Investionen (zu einem *gewissen Luxus*) entschliesst. Ist die Berechnung der durch solche Arbeiten geschaffenen Wertsteigerung "für den Bauherrn unmöglich, bedürfen die Existenz und das Ausmass des Mehrwertes der Schätzung des Richters gemäss Art. 42 Abs. 2 OR" (E. 3 b, bb).

388 - Es ist aber auch denkbar, dass der Bauherr bei einem hinreichend genauen Voranschlag durch *wertneutrale Dispositionen* wie etwa durch eine andere Vergebung der Bauarbeiten oder zusätzliche Eigenleistungen (z.B. selbst ausgeführte Malerarbeiten, Baureinigung oder Umgebungsgestaltung) Kosten eingespart hätte. Dem Mehrbetrag, den der Bauherr wegen der "verpassten Einsparmöglichkeit" ausgegeben hat, steht nun kein wirklicher Mehrwert gegenüber, weshalb diese Mehrausgaben Schaden sind (Nr. 246). Analog verhält es sich (und das ist eine neue Erkenntnis), wenn sich der Streit um "reine Zweckbauten" dreht (wie z.B. Strassen, Fabrikhallen, Brücken, Kanalisationen), für deren Realisierung bei einem hinreichend genauen Voranschlag eine kostengünstigere Variante gewählt worden wäre, die den vorgegebenen Zweck genauso gut erfüllt hätte.

*In der gleichen Reihe
sind in den letzten zehn Jahren erschienen:*

*Publiés ces dix dernières années
dans la même collection:*

63. *Paul Tschümperlin:* Grenze und Grenzstreitigkeiten im Sachenrecht.
    XXX-194 S. (1984)

64. *Ralph Dischler:* Die Wahl des geeigneten Vormunds. XXII-178 S. (1984)

65. *Roland Hürlimann:* Teilnichtigkeit von Schuldverträgen nach Art. 20 Abs. 2 OR.
    XXII-112 S. (1984)

66. *Markus L. Schmid:* Überschuldung und Sanierung. Konkursaufschub und Nachlassvertrag rechtlicher Sanierungshilfen in der Schweiz und der Bundesrepublik Deutschland. XXXVI-149 S. (1984) 2. Aufl. (1985)

67. *Eduard Brogli:* Das intertemporale Stockwerkseigentumsrecht der Schweiz am Beispiel des Kantons Wallis. XXII-161 S. (1985)

68. *Ridha Fraoua:* Le trafic illicite des biens culturels et leur restitution. Analyse des règlementations nationales et internationales. Critiques et propositions
    VIII-279 pp. (1985)   épuisé

69. *Gabi Hauser:* Die Verknüpfungsproblematik in der Strafzumessung.
    192 S. (1985)

70. *Alfred Koller:* Der gute und der böse Glaube im allgemeinen Schuldrecht.
    XXV-260 S. (1985) 2. Aufl. (1989)

71. *Franz Werro:* La capacité de discernement et la faute dans le droit suisse de la responsabilité. Etude critique et comparative. XXIV-194 pp. 2e édition (1986)

72. *Fabienne Hohl:* Les accessoires et les droits de gage immobiliers
    XXII-224 pp. (1986)   épuisé

73. *Martin Arnold:* Die privatrechtlichen Allmendgenossenschaften und ähnlichen Körperschaften. Art. 59, Abs. 3 ZGB. Nach dem Recht des Bundes und des Kantons Wallis. 252 S. (1987)

74. *Markus Lustenberger:* Die fürsorgerische Freiheitsentziehung bei Unmündigen unter elterlicher Gewalt. (Art. 310/314a ZGB) 206 S. (1987)

75. *Pierre-André Jungo:* Die Umweltverträglichkeitsprüfung als neues Institut des Verwaltungsrechts. 320 S. (1987)

76. *Beat Vonlanthen:* Das Kommunikationsgrundrecht «Radio- und Fernsehfreiheit». 612 S. (1987)

77. *Andres Baumgartner:* Fortführung eines Unternehmens nach Konkurseröffnung. In Hinblick auf den Widerruf des Konkurses zu Veräusserungszwecken. – De lege ferenda. XXXVIII–214 S. (1987)

78. *Markus Berger:* Die Stellung Verheirateter im rechtsgeschäftlichen Verkehr XXIV–240 S. (1987)

79. *Gieri Caviezel:* Das Finanzreferendum im allgemeinen und unter besonderer Berücksichtigung des Kantons Graubünden. XXXII–304 S. (1987)

80. *Franz Schenker:* Die Voraussetzungen und die Folgen des Schuldnerverzugs im schweizerischen Obligationenrecht.
XXXVIII–364 S. (1988) vergriffen

81. *Jean-Philippe Walter:* La protection de la personnalité lors du traitement de données à des fins statistiques. En particulier, la statistique officielle fédérale et la protection des données personnelles. XLIX–480 pp. (1988)

82. *Stefan Mattmann:* Verantwortlichkeit bei der fürsorgerischen Freiheitsentziehung (Art. 429a ZGB). XL–254 S. (1988)

83. *Jörg Schmid:* Die öffentliche Beurkundung von Schuldverträgen. Ausgewählte bundesrechtliche Probleme. XLIII–306 S. (1988) 2. Aufl. (1989)

84. *Peter Hänni:* Die Klage auf Vornahme einer Verwaltungshandlung. Rechtsvergleichende Untersuchung zur Stellung der Judikative und zu ihren Einwirkungsmöglichkeiten auf das Verwaltungshandeln. Dargestellt am Beispiel Frankreichs, Grossbritanniens, der Vereinigten Staaten von Amerika, der Bundesrepublik Deutschland und der Schweiz. XXX–287 S. (1988)

85. *Henri Torrione:* L'influence des conventions de codification sur la coutume en droit international public. XXIV–404 pp. (1989)

86. *Markus Lötscher:* Das Grundstück als Gegenstand von Grundpfandrechten XXII–194 S. (1988)

87. *Peter Derendinger:* Die Nicht- und die nichtrichtige Erfüllung des einfachen Auftrages. XLIV–228 S. (1988) 2. Aufl. (1990)

88. *Bruno Stierli:* Die Architektenvollmacht. XXXII–280 S. (1988)

89. *Jean-Baptiste Zufferey-Werro:* Le contrat contraire aux bonnes mœurs. Etude systématique de la jurisprudence et de la doctrine relatives aux bonnes mœurs en droit suisse des contrats. XXXVI–416 pp. (1988)

90. *Anton Henninger:* Der ausserordentliche Güterstand im neuen Eherecht. LII-384 S. (1989)

91. *Silvan Hutter:* Die Gesetzeslücke im Verwaltungsrecht. XLVIII-364 S. (1989)

92. *Urs Tschümperlin:* Die elterliche Gewalt in bezug auf die Person des Kindes (Art. 301 bis 303 ZGB). L-374 S. (1989)

93. *Nikolaus B. Senn:* Das Gegenrecht in der schweizerischen Bankengesetzgebung. XXVI-142 S. (1989)

94. *Gabi Huber:* Ausserordentliche Beiträge eines Ehegatten (Art. 165 ZGB). Innerhalb der unterhaltsrechtlichen Bestimmungen. XXX-358 S. (1990)

95. L'image de l'homme en droit. Das Menschenbild im Recht. Mélanges publiés par la Faculté de droit à l'occasion du centenaire de l'Université de Fribourg. Festgabe der Rechtswissenschaftlichen Fakultät zur Hundertjahrfeier der Universität Freiburg. XVIII-561 S. (1990)

96. *Thomas Schmuckli:* Die Fairness in der Verwaltungsrechtspflege. VIII-172 S. (1990)

97. *Erwin Dahinden:* Die rechtlichen Aspekte des Satellitenrundfunks. LII-358 S. (1990)

98. *Erich Rüegg:* Leistung des Schuldners an einen Nicht-Gläubiger. XXVII-156 S. (1990)

99. *Romeo Cerutti:* Der Untervertrag. 180 S. (1990)

100. *Nicolas Michel:* La prolifération nucléaire. Le régime international de non-prolifération des armes nucléaires et la Suisse. 320 pp. (1990)

101. *H. Ercüment Erdem:* La livraison des marchandises selon la Convention de Vienne. Convention des Nations Unies sur les contrats de vente internationale de marchandises du 11 avril 1980. XXX-294 pp. (1990)

102. *Heidi Pfister-Ineichen:* Das Vorrecht nach Art. 841 ZGB und die Haftung der Bank als Vorgangsgläubigerin. 288 S. (1991)

103. *Christian Bovet:* La nature juridique des syndicats de prêt et les obligations des banques dirigeantes et gérantes. Aspects de droit des obligations, de droit bancaire et de droit cartellaire. 320 pp. (1991)

104. *Paul Thalmann:* Die Besteuerung von Naturalbezügen und Vergünstigungen als Einkommen aus unselbständigem Erwerb. Mit vergleichenden Hinweisen auf das Einkommenssteuerrecht des United Kingdom. XLIV-232 S. (1991)

105. *Cornelia Stamm:* Der Betrag zur freien Verfügung gemäss Art. 164 ZGB. 212 S. (1991)

106. *Claudia Schaumann:* Die heterologe künstliche Insemination. Verhältnis zwischen Samenspender und Samenvermittler. 384 S. (1991)

107. *André Clerc:* Die Stiefkindadoption. XXXIV-186 S. (1991)

108. *Urs Zenhäusern:* Der internationale Lizenzvertrag. XXVIII-260 S. (1991)

109. *Patrik Ducrey:* Die Kartellrechte der Schweiz und der EWG im grenzüberschreitenden Verkehr. LXII-248 S. (1991)

110. *Hans-Ulrich Brunner:* Die Anwendung deliktsrechtlicher Regeln auf die Vertragshaftung. XXXIV-280 S. (1991)

111. *Mvumbi-di-Ngoma Mavungu:* Le règlement judiciaire des différends interétatiques en Afrique. 492 S. (1992)

112. *Martin Good:* Das Ende des Amtes des Vormundes. XXVII-228 S. (1992)

113. *Sergio Giacomini:* Verwaltungsrechtlicher Vertrag und Verfügung im Subventionsverhältnis «Staat-Privater». XXXIV-216 S. (1992)

114. *Gudrun Sturm:* Vormundschaftliche Hilfen für Betagte in Deutschland und in der Schweiz. XXX-172 S. (1992)

115. *Franco Pedrazzini:* La dissimulation des défauts dans les contrats de vente et d'entreprise. 292 pp. (1992)

116. *Jörg Schmid:* Die Geschäftsführung ohne Auftrag. LXX-616 S. (1992)

117. *Gion-Andri Decurtins:* Die rechtliche Stellung der Behörde im Abstimmungskampf. Information und Beeinflussung der Stimmbürger in einer gewandelten halbdirekten Demokratie. Mit vergleichenden Hinweisen auf das amerikanisch-kalifornische Recht. LXXVI-404 S. (1992)

118. *Thomas Luchsinger:* Die Niederlassungsfreiheit der Kapitalgesellschaften in der EG, den USA und der Schweiz. XXXVI-300 S. (1992)

119. *Lionel Harald Seeberger:* Die richterliche Erbteilung. XXX-334 S. (1992) 2. Aufl. (1993)

120. *Donggen Xu:* Le droit international privé de la responsabilité délictuelle. L'évolution récente internationale et le droit chinois. XXVIII-172 pp. (1992)

121. *Peter Hänni:* Rechte und Pflichten im öffentlichen Dienstrecht. Eine Fallsammlung zur Gerichts- und Verwaltungspraxis in Bund und Kantonen. XXIV-314 S. (1993) 2. Aufl. (1993)

122. *Josette Moullet Auberson:* La division des biens-fonds. Conditions, procédure et effets en droit privé et en droit public. XXXV-373 pp. (1993)

123. *Markus Kick:* Die verbotene juristische Person. Unter besonderer Berücksichtigung der Vermögensverwendung nach Art. 57 Abs. 3 ZGB. XLVI-266 S. (1993)

124. *Alexandra Rumo-Jungo:* Die Leistungskürzung oder -verweigerung gemäss Art. 37-39 UVG. LIX-487 S. (1993)

125. *Gabriel Rumo:* Die Liegenschaftsgewinn- und die Mehrwertsteuer des Kantons Freiburg. L-388 S. (1993)

126. *Hannes Zehnder:* Die Haftung des Architekten für die Überschreitung seines Kostenvoranschlages. XXX-160 S. (1993) 2. Aufl. (1994)

127. *Pierre Tiercier/Paul Volken/Nicolas Michel:* Aspect du droit européen/Beiträge zum europäischen Recht. Hommage offert à la Société suisse des juristes à l'occasion de son assemblée générale 1993 par la Faculté de droit de l'Université de Fribourg/Festgabe gewidmet dem Schweizerischen Juristenverein anlässlich des Juristentages 1993, durch die rechtswissenschaftliche Fakultät der Universität Freiburg. XIV-358 S. (1993)

128. *Franz Werro:* Le mandat et ses effets. Une étude sur le contrat d'activité indépendantes selon le code suisse des obligations. Analyse critique et comparative. 432 pp. (1993)

129. *Walter Stoffel:* Wettbewerbsrecht und staatliche Wirtschaftstätigkeit. Die wettbewerbsrechtliche Stellung der öffentlichen Unternehmen im schweizerischen Recht, mit einer Darstellung des Rechtes Deutschlands und Frankreichs sowie des Europäischen Wirtschaftsraums. 380 S. (1994).

UNIVERSITÄTSVERLAG FREIBURG SCHWEIZ
ÉDITIONS UNIVERSITAIRES FRIBOURG SUISSE